何以为家

凡·高的寻家之旅

《凡·高的椅子》（*Van Gogh's Chair*，参见第161页，图85）局部细节图

焦点艺术丛书

何以为家

凡・高的寻家之旅

[英] 马丁・贝利 著/ 余鑫 译

GUANGXI NORMAL UNIVERSITY PRESS
广西师范大学出版社
桂林

《跪在摇篮边的女孩》（*Girl Kneeling by a Cradle*，参见第64页，图32）局部细节图

后跨页图

《卧室》（参见第150页，图76）局部细节图

目录

《旋涡状背景自画像》（*Self-Portrait with Swirling Background*，参见第189页，图100）局部细节图

序言

我总觉得自己像个旅行者，

要去向某地，

朝着某个终点。[1]

文森特·威廉·凡·高有着躁动不安的灵魂，一生都在四处奔波。弱冠年华，他一直在找寻适合自己的职业，先是做了艺术品商人，而后又混迹于底层矿工中做传教士。即使在决定成为画家后，他也依然是一名旅者，总是在各地寻找新的创作灵感和机遇，希望能创作出更好的作品，并获得他人的认可。

这种漂泊不定的生活方式意味着，凡·高必然会频繁地变换自己的安身之所。他先是待在荷兰布拉班特省只有几百人口的村镇里，而后又去了英国伦敦——世界上人口最稠密的城市。他的居所也相应地跟着变化，从当海军少将的叔叔给他的一间大房子，到精神病院里的一个小单间。

本书将研究住所对凡·高绘画的影响，讲述他作为一名画家在东奔西走中成长的故事。在凡·高的一生中，他在哪些地方待过？不同的乡村与城市风景又是怎样影响他的画作的？

事实上，仅有两处地方可以真正被称为凡·高的家，并且他也只在那两处待了相当短的时间。一处是位于荷兰海牙的简陋屋子，它处在城里不起眼的地段。和凡·高同住的还有他的恋人——做过妓女的西恩·霍尔尼克，以及西恩的幼女和仍在襁褓中的儿子。另一处便是位于法国阿尔勒的黄房子，在那里他以主人的身份与同行保罗·高更同住。

1882 年住在海牙时，凡·高下定决心要成为一名画家，与此同时，他爱上了西恩并萌生了与她结婚的念头。西恩那时已经怀孕（怀上了另一个男人的孩子），几个月后，她诞下了威廉。不过，西恩生产的过程并不顺利，由于难产，她不得不在医院里多待两周。为了让西恩和孩子拥有更舒适的居住环境，凡·高提前租下了一套空间稍大些的房子。对此，凡·高曾动情地对弟弟提奥解释道："她受了这么多苦，回来时应该要有一个温暖的小家在等着她。"[2]

凡·高和西恩的新家位于当时的海牙市郊，靠近铁路的主干线。新家顶楼有三个房间，其中最重要的无疑是凡·高的画室。画室很大，有着"灰褐色的墙纸和擦洗得干干净净的地板，一切都是明亮的"[3]。画室的墙上挂着凡·高之前的习作，屋内有一个很大的松木工作台，工作台的两侧分别摆着一个画架。

新家还有一个小厨房，厨房旁的客厅里有一个火炉、一张为西恩准备的柳条藤椅以及一个给威廉用的铁质小摇篮，摇篮上蒙着绿色的罩子。凡·高十分欢迎这个新生命的到来，视其如己出。他告诉提奥，这个婴儿床是他自己从一个废品店里扛回家的，并在信中写道："看着家里最后添置的这件家具，我无法不激动。因为当一个男人坐在他心爱的女人身边，而女人身边又放了装着孩子的摇篮时，一股强烈的情感会紧紧攥住他的身心。"[4] 凡·高在摇篮后方墙上挂上了伦勃朗的作品，这是凡·高最喜欢的一幅画，描绘了圣母玛利亚深夜在摇篮旁借着烛光阅读《圣经》的场景。几个月后，凡·高也用画笔记录下了西恩五岁大的女儿玛利亚在摇篮边照顾威廉时的场景（参见第 64 页，图 32）。

突然之间，凡·高有了自己的新家庭。然而，尽管西恩陪伴在凡·高左右并充当他的模特，但他们的生活处境仍然十分艰难。凡·高挣不到钱，依旧靠着弟弟的定期资助生活。西恩会做些针线活来补贴家用，极端情况下，她甚至会上街乞讨。

逼仄而嘈杂的房子里，两个孩子的存在一定让凡·高无法专心画画。于是在接下来的几个月里，凡·高和西恩之间的矛盾不断激化，仅仅一年后，这对伴侣便分道扬镳。关于西恩离开凡·高后的生活，我们知之甚少。但随着档案研究的进展，以及当时报纸对一个无名女人逝世的报道，我们现在可以更多地了解到她后来的婚姻状况和悲剧性的死亡。西恩艰苦的一生最终如同凡·高曾预言的那样悲惨地结束了。

离开西恩后，凡·高开始不断地变换住处，直到五年后才在法国普罗旺斯地区的阿尔勒落脚，并租下了他口中的"黄房子"[5]（或称"小黄屋"）。实际上，此时的凡·高已经在普罗旺斯待了几个月，但此前他都住在一家简朴的旅馆里，直到租下"黄房子"才算真正安顿下来，拥有一个"属于自己的家"[6]。黄房子共有两层，一楼有两间宽敞的房间，分别是画室（原本的客厅）和厨房；二楼有两间卧室，大的是凡·高本人的卧室，小的则作为客房。

黄房子装修好后，凡·高雀跃地给妹妹维尔写信："我总算能生活，能呼吸，能思考，能作画了。"[7]他得意洋洋地画下了他的卧室，还把床上的一对枕头摆在了画中显眼的位置（参见第 150 页，图 76）。这幅内容高度私人化的作品达到了他想要描绘宁静氛围的目的，但现实里，他的卧室可能一团糟。众所周知，凡·高一贯不擅长整理屋子，因而我们可以想象他的房间里一定到处都是衣服及其他杂物。

入住黄房子后，凡·高非常希望邀请巴黎的画家同行来阿尔勒同住，这样两人既能共同分担房租，又能在艺术上有所交流。最终，高更接受了凡·高的邀请并于1888年10月入住。起初一切都很顺利，除了高更宣称凡·高的厨艺实在糟糕并且也不会打理钱财。这个法国人很快就接管了黄房子的厨房和“财政大权”。

凡·高和高更往往白天辛勤作画，晚上畅谈至深夜。但没过多久，这两位性格迥异的画家就产生了摩擦，矛盾逐渐加深。他们开始争吵，争论的话题既有艺术上的观点，也有家长里短的小事，如黄房子的布置问题。圣诞前夕，可怕的事情发生了：凡·高用剃须刀割下了自己的耳朵。他被送往医院，高更则匆匆返回巴黎。“南方画室”[8]的梦就这样破灭了。

除去在海牙与西恩同住的一年和在黄房子的几个月，凡·高一直是一个居无定所的画家。早在孩提时代，他就是让人不得安生的“刺头”，此后也一直未变。成年后，他开始四处奔走，海牙、伦敦、巴黎、拉姆斯盖特、艾尔沃斯、多德雷赫特、阿姆斯特丹及比利时博里纳日煤矿区的村子，到处都曾有他的身影。即使是决定做画家之后，他也同样停不下来，先后去了布鲁塞尔、埃滕、海牙、德伦特、纽南、安特卫普、巴黎、普罗旺斯的圣保罗精神病院，以及他最终的归宿——奥维尔。

在凡·高生活的时代，人们很少离开自己的出生地，最多可能只是从乡下搬到城里。而凡·高却一直在不同的国家和文化之间变

凡·高位于奥维尔镇公所对面的咖啡馆（拉乌旅店）的卧室（参见第198页，图103），约20世纪50年代，明信片

换，这样的生活在当时的大背景下显得更加引人注目。成年后，他在荷兰一共待了差不多七年，法国五年，比利时三年，英国两年。

起初，当凡·高还是一个在海牙、伦敦和巴黎见习的艺术品商人时，他就发现了艺术的世界。他努力从以前的大师作品和同时代画家的画作中汲取养分。后来，当他在比利时博里纳日矿区做传教士时，矿工们艰苦危险的生活为他提供了源源不断的灵感，激发他创作出早期的作品。在海牙，他描摹城市生活，在画纸上表现他对贫苦老弱者深切的同情。搬到布拉班特省纽南附近的村子里后，他受到当地农民和织布工人的启发，开始向肖像画家的方向发展。

在世界艺术之都巴黎，凡·高接触到了印象派，并开始摸索如何在绘画过程中恰当地使用各种颜色。在法国东南部的普罗旺斯，炽烈的阳光洒落在如画般的橄榄树丛与柏树丛上，这样的景观让凡·高创作出了最美的风景画。在巴黎北部小镇奥维尔，广阔的乡野风光成了凡·高最终的灵感来源，他几乎是以一日一幅的惊人速度创作出了 70 幅非凡的画作。但也是在奥维尔，1890 年 7 月 27 日的下午，这位画家走进一片麦田，用一把左轮手枪对准自己，扣动了扳机。

凡·高蹒跚着回到住宿的小旅馆，痛苦地爬上楼梯进入狭小的卧室，那儿就是他最后的安息地。房间没有正对着街的窗子，只有一扇小小的天窗，画家就在这样逼仄的空间中度过了他人生最后的时光（参见第 198 页，图 103）。两天后，凡·高在弟弟提奥的怀中逝世，他的人生旅程终于结束了。

“家”在凡·高留下的 820 封信件里出现的频率相当高，多达 322 次。他信中的“家”往往指的是他父母的房子，那是他们住的地方，也是他出生的地方。但早在二十出头的年纪，他和家里的关系就已破裂。当然，弟弟提奥是个例外。30 岁时，凡·高曾写道："我与家人的性格大相径庭，实际上我也不是一个真正的'凡·高家族'的人。"[10]

此时的凡·高早已不关心他同家里的关系如何了，因为绘画成了他生活的全部。1885 年，他在给提奥的信中写道："一个画家即便此刻正被生活中的琐屑与不幸缠身，但绘画，我认为尤其是描绘农民的生活，仍会给予他心灵上的平静。"不过问题是"他卖不出自己的画，却依然要出钱买颜料，出钱请模特，因为只有这样才能取得进步"，但不管怎样，凡·高最后总结："绘画就是家"[11]。

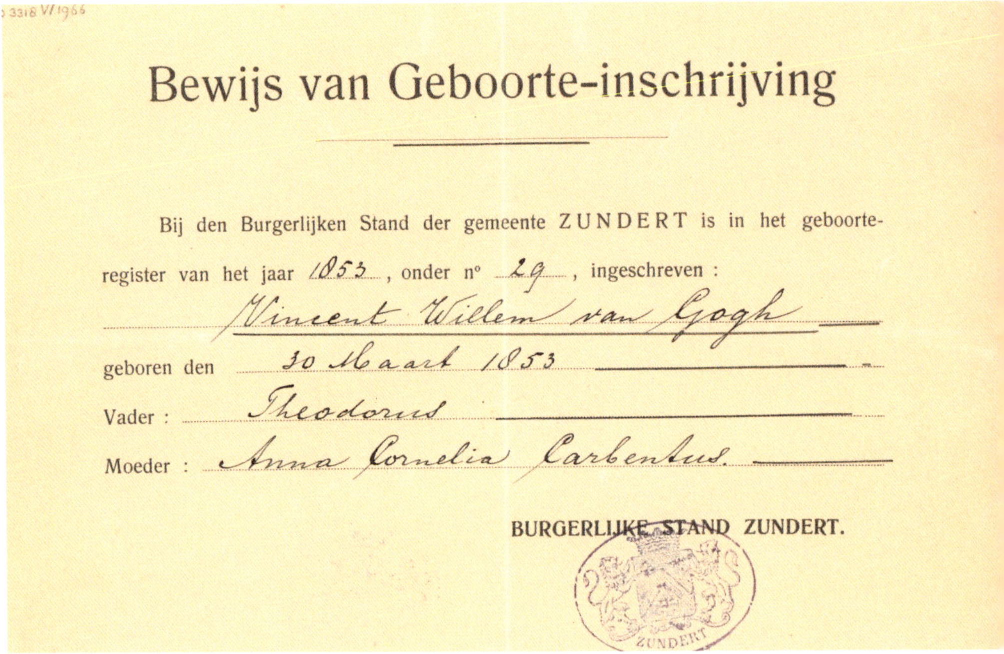
b 3318 V/1966

Bewijs van Geboorte-inschrijving

Bij den Burgerlijken Stand der gemeente ZUNDERT is in het geboorte-register van het jaar 1853, onder nº 29, ingeschreven :

Vincent Willem van Gogh

geboren den 30 Maart 1853

Vader : Theodorus

Moeder : Anna Cornelia Carbentus.

BURGERLIJKE STAND ZUNDERT.

ZUNDERT

图1.凡·高在津德尔特的出生记录，1853年3月30日，藏于凡·高博物馆档案室（b3318）

第一章：童年

我们或许得感谢在布拉班特度过的童年，以及不同寻常的成长环境，
因为它们教会了我们思考。[1]

地点：津德尔特
时间：1853 年 3 月 ~ 1869 年 7 月

1852 年 3 月 30 日，一个名叫文森特·威廉·凡·高的小生命在津德尔特出生，但不久后便不幸夭折。一年后的同一天，他的弟弟来到了这个世界，这个健康的男孩带着和哥哥一模一样的名字接受施洗（图 1），谁也没想到他将来会成为一名画家。男孩的父亲提奥多洛斯（图 2）是当地的牧师。小男孩每次去教堂，都会经过哥哥的棺椁，墓碑上刻着和男孩一样的名字，以及耶稣的名言："让小孩子到我这里来，不要禁止他们，因为在天国的，正是这样的人。"[2]

津德尔特是布拉班特省内的一个村庄，坐落于荷兰南部，离比利时边境不远。该村庄的居民以天主教徒为主，提奥多洛斯自 1849 年起，作为新教牧师开始在津德尔特布道。牧师住宅（图 3）恰好正对着集会所和广场（图 4），房子后有一个大花园，再往后便是一派农民辛勤劳作、阡陌交错纵横的田园风光。

1851 年，提奥多洛斯与安娜（图 5）成婚。两年后，他们顺利生下了凡·高，此后又相继迎来了五个孩子，分别是安娜（1855 年）、提奥（1857 年）、丽斯（1859 年）、维尔（1862 年）和科尔（1867 年）。在这些弟弟妹妹中，凡·高与提奥的关系最为亲近。父亲提

左图
图2.凡·高的父亲提奥多洛斯，约1852年，藏于凡·高博物馆档案室（b4770）

下图
图3.津德尔特的游行。照片中间的那栋小楼便是凡·高的出生地，1901年，藏于凡·高博物馆档案室（b4842）

第10～11页跨页图 津德尔特附近的乡村风景

图4.津德尔特的新教教堂，20世纪中期，明信片

图5.凡·高的母亲安娜·卡本图斯，约19世纪60年代，藏于凡·高博物馆档案室（b4417）

奥多洛斯作为牧师，收入稳定，让一家人过着安逸的中产生活；母亲安娜也十分慈爱。从各方面来看，这个家庭都似乎应该是养育孩子的理想环境。

七岁时，凡·高便被父母送去家对面的乡村学校读书。但不知道为何，仅仅一年左右，他就退学了，转而在家接受一位家庭女教师的辅导。11 岁时，年纪尚小的凡·高被送去泽文伯根镇的一所寄宿学校。两年后，他升入蒂尔堡城里的一所中学，并在当地的一户人家寄宿了两年。他对学校的生活并不满意，因此在快到 15 岁时便离开了学校，回家待了一年左右，规划自己的下一步。

尽管凡·高接受正规教育的时间总共不过五年，但他依旧饱读群书、精于语言，这很大程度上要归功于他父母对子女教育的重视。

凡·高在语言方面很有天赋，20 多岁就能流利地说英语、法语和德语了。相较而言，尽管凡·高在孩提时学过素描，也在学校里上过绘画课，但几乎没有迹象显示他在绘画方面有什么特殊的天赋。

童年留给了凡·高一大笔财富，那就是津德尔特乡村环境带来的深远影响，以及他心中对自然永久的热爱。凡·高喜欢在乡间的大自然中漫步，对虫鱼鸟兽也有些兴致。自孩提时代起，他就十分关注四季的更替及由此产生的景致变化、农事兴歇，并且常会近距离观察当地农民的生活，因此他很了解农民要面对和克服的困难。凡·高成为画家后，早年的这些经历给予了他源源不断的灵感。

每当回忆起故乡津德尔特，凡·高总是持以正面的、近乎理想化的态度。于他而言，那个小小的村庄象征着乡村的质朴和童年的无虑。凡·高在 22 岁时曾写信给提奥道：“我的心深深驻扎在津德尔特。”[3] 这种情感太过强烈，以至于在父母搬到附近的赫尔瓦特后，他仍觉得有必要重游故地。

十几年后，当凡·高在阿尔勒割去自己的耳朵、精神状况极差之时，他的思绪再一次飘回了故乡，他说：“在生病的这段时间里，我又一次看到了津德尔特那栋屋子里的每一个房间，花园里的每一条小径、每一株植物，还有屋外的那些景色——田地、邻居、墓地、教堂及屋后的菜园。菜园一直延伸到墓地里那棵高高的金合欢树前，我还记得常会有喜鹊在那棵树上筑巢。”[4]

同年，凡·高写信给母亲，称即便多年前就住进了伦敦、巴黎这样的大都市，“但我多少还是像个从津德尔特来的农民”。在信中，他还将自己的画家生活同农民的生活相类比，写道：“我孜孜不倦地在画布上耕耘，就像他们（农民）在田地里耕作一样。”[5]

图6.古皮尔公司海牙分店的内景（局部细节），约1900年，藏于凡·高博物馆档案室（特劳尔鲍特T-621）

第二章：艺术品商人

一切都太有趣了，无论是伦敦这座城市，
还是这里的（艺术）贸易及生活方式，都与我们的迥然不同。[1]

地点：海牙、伦敦和巴黎
时间：1869 年 7 月 ~ 1876 年 4 月

因为家族关系，凡·高在年满 16 岁时就得到了第一份工作，成了一名见习的艺术品商人。他的一位叔叔之前在海牙开过一家私人艺术品店，后来这家店铺被巴黎一家名为古皮尔的大公司收购。巧合的是，这位叔叔也叫文森特，不过他更为人所知的名字是森特。森特在卖掉店铺后成了古皮尔公司的合伙人，因而完全有能力给自己年少的侄子在公司里安排一份工作。

古皮尔公司在海牙的分店位于市中心的广场上，店内的装潢十分高雅（图 6），似乎宣告着该店只接待有品位的内行人。1869 年 7 月，凡·高正式进入海牙分店见习，他是所有员工中年纪最小的，主要负责文书工作，顺便在库房里打打杂。见习期间，凡·高寄宿在店铺附近的威廉和迪娜·鲁斯家中，并很快同两人成了朋友。为营造出家的氛围，他还在房子里挂上了自己最喜欢的版画。

在海牙，出身乡野的凡·高首次直面当时的主流艺术。古皮尔公司经手的都是 19 世纪的艺术品，大部分来自法国，还有一部分出自意大利和西班牙的艺术家之手。公司当时早已是世界最大的优质艺术复制品生产商，为公众提供了无数艺术品的版画及摄影复制品。而凡·高的主要工作就是在库房里与这些复制品打交道，给欧洲大陆上新涌现的画作配上详尽的介绍文字。

此时的海牙已是荷兰的艺术中心，也是所谓“海牙画派”的发源地。该画派的风景画家们工于营造气氛，擅长用柔和的色调描绘田园牧歌式的乡村风光。在耳濡目染之下，凡·高很快就成了海牙画派的“狂热粉丝”，尤其痴迷安东·莫夫（后来娶了凡·高的表妹珍特为妻）。

工作后，凡·高仍保留了早年画速写的习惯。因此，我们可以从他现存的速写中看到海牙的景致，如其中有一幅描绘的就是绿树成荫的费韦贝赫大街，它是一条从海牙中心广场到莫瑞泰斯皇家美术馆的近水大道。虽然早年的这些速写手稿在如今看来略显粗糙稚嫩，但难能可贵的是，凡·高从未停下画笔，一直在坚持磨炼自己的画技。

在古皮尔公司的海牙分店见习近四年后，20 岁的凡·高获得了一个升职的机会，为此他不得不搬去伦敦。除了海牙，他还从未在其他地方待过那么长的时间。当凡·高动身前往伦敦时，他看起来要比实际年龄大得多，这或许是因为他总会轻皱着眉头，流露出历经沧桑的神情。在仅存的照片（图 7）中，凡·高顶着乱糟糟的头发，穿着西服，系着领带，神情有几分不自然。整张照片里最引人注目的就是他那双目光锐利的眼睛了。

此时，弟弟提奥刚进入古皮尔公司的布鲁塞尔分部工作。凡·高写信给他，雀跃地讲述即将到来的伦敦之行。和故乡津德尔特相比，有着 9 万人口的海牙城无疑是庞大的，但在人口超过 300 万的伦敦面前，海牙城又是如此渺小。凡·高在信中写道，这次旅程将“对我的英语大有裨益。我可以读懂英语，但嘴巴说的总是跟不上脑子想的”。此外，他也说：“对英国画家十分好奇。我们很少有机会看

图7.凡·高19岁时的照片，1873年1月，藏于凡·高博物馆档案室（b4784）

到英国画家的作品，因为他们几乎所有的作品都留在了英国。”[2]

凡·高于1873年5月抵达伦敦，年薪为90英镑。这对当时的青年来说可是一笔相当可观的收入，要知道一个养家糊口的普通工人大概只能拿到凡·高四分之一的薪水。在此之后，凡·高就再也没能拿到这么高的年薪了。实际上，这份薪水比他父亲提奥多洛斯拿的还要多，不过父亲身为神职人员可以享受免费的住所。谈起住所，我们尚不清楚凡·高首次造访伦敦时的具体下榻地点，但几乎可以确定，他住在伦敦郊区，也就在泰晤士河以南。

这个年轻的荷兰人喜欢散步，这样他就有大把的时间来观察和思考。他总是沿着泰晤士河新建的堤岸漫步，步行前往艺术品店上班。出门前，他会戴上一顶高顶礼帽，这顶帽子在他给父母的信中被誉为“伦敦的必备单品”[3]。日复一日的上下班之行让凡·高有机会纵览伦敦的大街小巷，观察富人与穷人截然不同的生活状况。

古皮尔公司的伦敦分部位于考文特花园南安普顿街，这里是繁华都市的绝对中心。从公司出发，向北步行一分钟便是充满市井气息的蔬菜市场，市场旁是高雅的皇家歌剧院；向南走一分钟便是斯特兰德大街，这条街上汇集了当时的众多书店和出版社，到了晚上，妓女们成群而出，伫立街头。这种五光十色、令人目眩神迷的环境无疑对凡·高造成了深远的影响，也为他提供了无穷的灵感。

凡·高最初在郊区的住处一定是舒适且宁静的，奈何价格太高。三个月后，他在伦敦南部布里克斯顿的海客福特街找到了更便宜的住处。那是一栋建于19世纪50年代的三层楼房，楼房主人名叫萨拉·乌苏拉·罗耶，是一个寡妇，和她十几岁的女儿尤金妮娅同住，并开办了一所小型女子学校。学校位于一楼，罗耶母女住在二楼，因此凡·高很可能就住在顶楼的卧室里。他写信给提奥，将这间卧室与他在海牙待过的阁楼进行比较，并感叹道："现在，我终于拥有了渴望已久的房间，没有斜梁，也没有镶着绿边的蓝色墙纸。"[4]

在布里克斯顿，凡·高似乎坠入了爱河。1874 年 1 月，凡·高的妹妹安娜写信给提奥，信中称她刚收到了来自海客福特街的书信，信件末尾的署名是凡·高和"乌苏拉"。对此，安娜评论道："我觉得这两人之间一定存在着艾妮斯和大卫·科波菲尔般的爱情。"[5] 艾妮斯和科波菲尔是狄更斯小说里的人物，两人最终结婚，收获了真正的幸福。安娜也许误解了凡·高同乌苏拉之间的柏拉图式情感，但有一点毋庸置疑，那就是她认为两人的关系非比寻常。

有趣的是，安娜认为哥哥凡·高心仪的对象是乌苏拉而非尤金妮娅，但实际上乌苏拉是一名年近六十的母亲，而尤金妮娅则是年方十九的少女。两人的年龄差得太多，因此安娜很可能是误把"乌苏拉"当作房主女儿的名字了。不过，后来的事实证明，凡·高的确更青睐年长的女性。

一个月后，尤金妮娅订婚，不久后便嫁给了塞缪尔·普洛曼。塞缪尔早在凡·高到来前就借宿于乌苏拉家中，同为租客的两人可能都曾向房主女儿求爱，彼此之间存在着竞争关系。在尤金妮娅订婚后的几个月，凡·高的生活突然出现危机。1874 年 8 月，凡·高和来伦敦小住的妹妹安娜匆匆搬离海客福特街，困扰凡·高余生的情感问题初见端倪。

凡·高的母亲在获悉儿子搬离乌苏拉母女家的消息后，评论道："我很高兴他不再住在那儿了。那一家子秘密太多，不像是寻常人家。他要是继续住下去一定会对她们失望的。幻想终究是幻想，它和现实生活还是有差距的。"[6] 关于搬家的原因，凡·高及其家人都不曾做出说明，因此凡·高在布里克斯顿究竟发生了什么至今仍是一

图8.《英国国家美术馆（及特拉法尔加广场）》[*The National Gallery (and Trafalgar Square)*]，朱塞佩德·尼蒂斯，1877年，布面油画，70厘米×105厘米，藏于巴黎的小皇宫博物馆

个谜。

妹妹安娜来伦敦一是为了练习英语，二是为了找工作。在搬离海客福特街后，凡·高带着妹妹搬去了肯宁顿街，借宿在旅店老板约翰·帕克及其妻子伊丽莎白的家中。新的住处距离海客福特街不远，不过更靠近伦敦市中心一些。在和旅店老板同住的日子里，凡·高对伦敦人民柴米油盐的日常生活有了进一步的认识。

图9.《在英国国家美术馆度假的人们》（*Holiday Folks at the National Gallery*），查尔斯·格林，《逐日画报》1872年8月3日刊

同时，凡·高满怀热情地享受着英国文化的滋养和熏陶。他的工作地点距离英国国家美术馆不过五分钟的步程，毫无疑问，他成了美术馆的常客（图8和图9）。此外，他很可能观看了皇家艺术学院夏季展，由此了解了英国当代艺术的风向。还在海客福特街时，凡·高就对英国文化充满兴趣，他每天都会阅读《伦敦新闻画报》及其竞争对手《逐日画报》，并且沉迷于英国作家查尔斯·狄更斯和乔治·艾略特的小说，以及莎士比亚的戏剧。

英国的美术与文学对凡·高后来成为画家有着深远的影响。[7] 他十分仰慕英国杂志的插画师，19世纪80年代早期，他甚至还想过重返伦敦去杂志社找工作。

图10.《奥斯丁修道院》，1873年7月～1874年5月，纸面墨水画，10厘米×17厘米，藏于阿姆斯特丹的凡·高博物馆（文森特·凡·高基金会）（F25）

尽管凡·高也曾游览过伦敦市区的景点，但最令他着迷的还是艺术和自然。在伦敦待了三个月后，他写信给海牙的朋友道：“我还没去过水晶宫、塔桥和杜莎夫人蜡像馆，但我一点也不着急，因为对我而言，博物馆、公园等场所才更具吸引力，每天待在这些场所就足够了。”[8]

在伦敦的艺术品店工作之余，凡·高绘制了不少速写，其中最出彩的当属凡·高送给家人的《奥斯丁修道院》（*Austin Friars*，图10）。凡·高显然是考虑到了家人的宗教信仰，才会选择以这座位于伦敦市区的荷兰新教教堂为主题。整幅速写下笔精准利落，并且是用钢笔绘就的，因此这幅画很可能不是现场写生，而是根据版画或照片临摹而成的。

凡·高偶尔也会根据自己喜欢的作品绘制缩略草图（图11），

图11.《维多利亚路堤》的缩略草图，原画作者为朱塞佩·德·尼蒂斯，1875年7月24日，3厘米×4厘米（画作尺寸），藏于凡·高博物馆档案室（书信39）

如绘制了意大利画家朱塞佩·德·尼蒂斯的油画《维多利亚路堤》（*Victoria Embankment*）的缩略草图。当时，凡·高在巴黎古皮尔公司总部看到了这幅画，画作的内容让他不禁怀念起自己不久前在伦敦的时光："我每天早晚都会经过西敏桥，所以我知道西敏寺和议会大厦在清晨冬天的雪雾中有多美。看了这幅画后，我才意识到自己有多么喜爱伦敦。"[9] 在伦敦时，凡·高经常会在晚上下班回家的途中画速写。对此，他十年后回忆道："傍晚从南安普顿大街回家的路上，我无数次站在泰晤士河的堤岸上作画，但那些画都太差劲了。真希望那时能有人为我指点迷津，告诉我什么是透视，这样我就能少走弯路，如今在绘画这条路上也能走得更远。"[10]

种种迹象表明，凡·高在英国时期画了不少速写，但如今留存下来的速写只有寥寥几幅，风格也相当质朴，通常都是在向家人介绍自己的住处。这些速写并没有什么出彩之处，但却磨炼了凡·高的画技。多亏了早年的积累，这位未来画家才最终得以走上真正的职业道路。

在古皮尔伦敦分部任职期间，凡·高曾两次被临时调去巴黎总部。第一次是1874年10月下旬到圣诞节。那年夏天，或许是因为海客福特街发生的变故（尤金妮娅结婚），凡·高的情绪陷入低谷，于是老板们认为应该让他换个环境来调节心情。但凡·高本人十分讨厌变换环境，他甚至怪罪家人总是怂恿古皮尔公司把他调来调去。最终，在过完圣诞节后，他获准返回伦敦。

然而，尽管凡·高极为不满，第二年他还是第二次被派往巴黎，这次调遣始于他近来在关键时刻愈加严重的"掉链子"。1875年1月，古皮尔公司收购了竞争对手——版画商托马斯·霍洛威的店铺，并将伦敦分部搬去了霍洛威原先位于贝德福德街的店址，因为那里空间更大，有利于扩展业务。此后，古皮尔公司既卖原画也卖复制品，并计划在同年的5月中旬举办首次展览。

1875年5月初，在展览开幕的前几天，古皮尔公司考虑到伦敦的展览迫在眉睫、急需人手，认为凡·高无法胜任工作，于是将他调离伦敦派往巴黎，同时将巴黎总部的得力干将理查德·特里普调来伦敦救急。特里普是一名年轻的英国人，深受公司器重，被寄予厚望。

凡·高就此开始了自己的第二次巴黎之行，这一次，他和同事哈里·格拉德韦尔同住在蒙马特区。哈里的父亲在伦敦拥有一家画廊，他希望儿子能子承父业，于是将儿子送去巴黎学习艺术贸易。两个年轻人相处得不错，凡·高将哈里称为"可敬的英国人"[11]。关于当时的住处，凡·高在给提奥的信中写道："我在蒙马特租了一间小房子，你肯定会喜欢的。房子虽小，却可以俯瞰整个小花园，花园里种满了常春藤和五叶地锦。”[12] 凡·高和哈里亲昵地将这个安逸的住处称为他们的“小屋”[13]，还用他们喜欢的版画来装饰墙壁。

凡·高在巴黎的这段旅居生活可以被视作他艺术品商人生涯的仓促尾声。在1875年圣诞节回家见过父母后，他就被召去见了老板，收到了3月末必须离职的通知。公司明面上给出的理由是他未经许可擅自休假，但根本原因还是他在工作上的表现不够理想。凡·高太过腼腆，又呆头呆脑、笨手笨脚的，不擅长与客户打交道，因此他并不适合从事艺术品交易这一行。

这一点似乎在凡·高后来的画家生涯中得到了验证，他从未成功卖出过自己的作品，完全看不出他早年竟然曾在艺术品店工作了近七年，要知道他真正投身于绘画事业也不过十年。事实上，在就职于古皮尔公司期间，凡·高的确学到了很多艺术方面的知识，但他显然没能懂得这一行的另一面——商业化的一面。不过话说回来，要是没有这段经历，凡·高或许就不会走上后来的职业道路。在古皮尔公司，他有机会接触到大量画作的原稿及复制品，这大大开拓了他在艺术上的眼界。

《拉姆斯盖特》（*Ramsgate*，图12）局部细节图

第三章：探索阶段

人人都是朝圣者。

生活是一段漫长的旅途，

一条以地为始、上达于天的朝圣之路。[1]

地点： 拉姆斯盖特、艾尔沃斯、多德雷赫特和阿姆斯特丹
时间： 1876 年 4 月 ~ 1878 年 8 月

1876 年 3 月 31 日，凡・高在古皮尔公司工作的最后一天，他找到了一份新的工作——助教老师，工作地点是位于肯特海岸拉姆斯盖特小镇上的一所小型男子学校。这所学校的校长是威廉・斯托克斯。巧合的是，他也是一位画家。凡・高在回家（1875 年他全家搬到了布拉班特的埃滕）与家人小聚后于，4 月抵达拉姆斯盖特报到。

学校坐落于拉姆斯盖特西部的皇家大道上，就在港口附近。作为助教，凡・高在试用期并没有工资，但学校在斯宾塞广场的角落为他提供了免费的住处。有人可能会质疑：凡・高只接受过五年的正规教育，怎么可能胜任助教的工作，并用外语给学生上课？但凡・高的确做到了。

在学校工作后不久，凡・高就画了两幅速写寄给家人。其中一幅画（图 12）描绘了窗外校舍前的景色，画面的左侧是典范旅店（今丘吉尔酒店），右侧是一个小公园，这个公园一路延伸到西崖。凡・高当时的住处距离海岸只有几分钟的步程，因此在工作之余他经常会去海滩边或悬崖上散步（图 13）。

图12.《拉姆斯盖特》，1876年5月，纸面铅笔、墨水画，7厘米×11厘米，藏于阿姆斯特丹的凡·高博物馆（文森特·凡·高基金会）（F26）

6月中旬，大约是暑假开始之际，凡·高进行了一场前所未有的徒步旅行，全长170千米。清晨，他从拉姆斯盖特出发，途经坎特伯雷，入夜了就躺在山毛榉树下休息。次日凌晨三点半，他在鸟儿的歌声中醒来，继续前行，快速路过查塔姆，并于当日傍晚抵达伦敦市郊。在伦敦小住三晚后，他再度启程，向北前往赫特福德郡的韦林市。妹妹安娜在那里当了两年老师。这场颇具挑战的徒步旅行反映出了两个事实：一是凡·高十分热爱步行；二是他手头十分拮据。

6月底，斯托克斯把学校迁到了艾尔沃斯，一个伦敦市中心以西15千米、伫立于泰晤士河岸的村镇。新的校址位于特威克纳姆街的林克菲尔德大楼，毗邻当时的契克斯旅店。凡·高也跟随斯托克斯一同前往艾尔沃斯，然而，变换校址并没有改善学校的运营状

图13.《拉姆斯盖特的沙滩》（*Ramsgate Sands*），威廉·弗里斯，1854年，布面油画，77厘米×155厘米，英国皇室收藏

况，斯托克斯不久后便发现自己还是无力向凡·高支付薪水。于是，凡·高只能另谋出处。幸运的是，他很快在距离林克菲尔德大楼几分钟步程外的另一所学校找到了工作。这所学校由公理会牧师托马斯·斯雷德-琼斯管理，位于霍姆庭院，那是一栋18世纪早期的建筑。凡·高一年的薪水是15英镑，这个金额仅仅是他在古皮尔公司工作时的六分之一，不过好在学校提供免费的住处。透过住处的窗户，凡·高还可以欣赏到楼下庭院中的金合欢树。

在艾尔沃斯的日子里，凡·高渐渐痴迷于基督教，认为自己肩负着传教布道的使命。在他遭受了罗耶母女和古皮尔公司的厌弃后，宗教成了他心中的慰藉。他在距艾尔沃斯五千米外的特南格连公理会教堂担任斯雷德-琼斯的助手，在那里的主日学校帮忙。

凡·高的宗教信仰并不局限于基督教内的某一派别。除了公理会教堂，他还去过里士满的卫理公会教堂，事实上几周后他就成了那里的非神职布道者。凡·高首次布道的主题为“人生是一场天路历程”（图

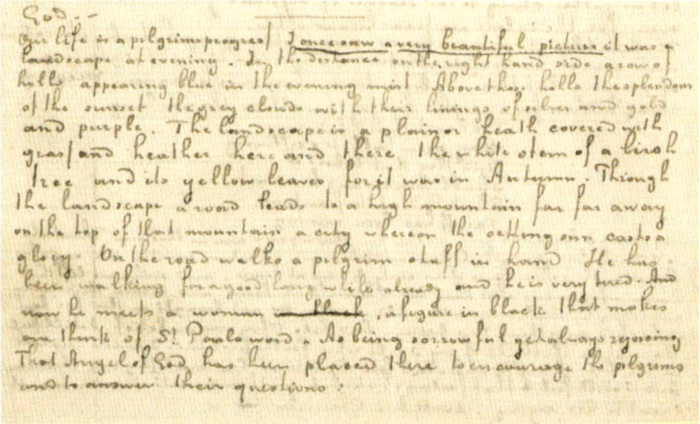

God.-
Our life is a pilgrim's progress. I once saw a very beautiful picture: it was a landscape at evening. In the distance on the right hand side a row of hills appearing blue in the evening mist. Above those hills the splendour of the sunset, the grey clouds with their linings of silver and gold and purple. The landscape is a plain or heath covered with grass and heather, here and there the white stem of a birch tree and its yellow leaves, for it was in Autumn. Through the landscape a road leads to a high mountain far far away, on the top of that mountain a city whereon the setting sun casts a glory. On the road walks a pilgrim, staff in hand. He has been walking for a good long while already and he is very tired. And now he meets a woman, ~~black~~, a figure in black, that makes one think of St. Paul's word: As being sorrowful yet always rejoicing. That Angel of God has been placed there to encourage the pilgrims and to answer their questions:

上图
图14.凡·高布道稿的局部图，1876年10月29日于里士满卫理公会教堂，藏于凡·高博物馆档案室（书信96）

下图
图15.《彼得沙姆教堂与特南格连教堂》，1876年11月25日，3厘米×9厘米（画作尺寸），藏于凡·高博物馆档案室（书信99）（F28）

14），其灵感源自风景画家乔治·波顿的画作《一路顺风！》[2]（*God Speed!*）。接下来的一个月，凡·高都在里士满南部彼得沙姆（泰晤士河畔的一个村镇）的卫理公会教堂内布道。此外，他甚至还参加过天主教的礼拜，礼拜地点很可能是位于布伦特福德的福音者圣约翰教堂。在一封给提奥的信中，凡·高简略地勾画出了彼得沙姆教堂及特南格连教堂的轮廓（图 15）。

1876 年秋天，凡·高多次游历伦敦。在极度穷困的东伦敦，他发现了这座城市无比黑暗的一面。“白教堂区，”他告诉提奥，“就是那种你能在狄更斯的小说里读到的极其贫困的地区。”[3]游历时的所见所闻激起了凡·高对底层人民的深切同情以及他的社会良知，这份良知也体现在了他后期的画作中。

尽管教学工作和教堂事务都不轻松，但凡·高仍不满足，似有几分壮志未酬之感。在圣诞节期间，他回到埃滕与家人团聚，父母发觉他心情低落，因此劝说他留在荷兰。凡·高听从了父母的建议，并于 1877 年 1 月在多德雷赫特市的一家书店里找了份工作。多德雷赫特是荷兰西部的港口城市，距离凡·高父母在埃滕的家并不远。

在书店工作期间，凡·高租住在附近一家蔬果店的楼上。多年后，他的室友鲍罗斯·格里茨回忆道："他一讲到宗教或画画就会变得无比兴奋……两眼放光，那副模样令我印象深刻。"[4]格里茨称，当时凡·高每晚都在研读《圣经》。

凡·高很快发现书店的工作也无法满足自己，他认为自己还是适合待在教堂，因此他开始一门心思地扑在神学研究上。然而，由于没有完成中学的学业，他必须先通过神学院的考试，才能成为神职人员，考试要求掌握拉丁文和希腊文。

于是，1877 年 5 月，凡·高决定前往阿姆斯特丹学习这两门古老的语言。他寄宿在叔叔扬的家中。叔叔任海军上将，同时是海军造船厂的主管，收入颇丰，因此家里十分宽敞。这是凡·高第一次来到荷兰最大的城市阿姆斯特丹，他热衷于探寻城里的各式艺术瑰宝，尤其是荷兰国家博物馆里的大师名作。

不幸的是，凡·高的学习进程并不顺利，他很快发现学习拉丁文和希腊文是件多么困难的事，再加上他一直处于抑郁状态，没多久他就放弃了。1878 年 7 月，他返回家中休息，调整状态。在此后的一年里，凡·高回忆称，在阿姆斯特丹的生活是他人生中最糟糕的经历。[5]然而他不知道的是，接下来的日子会越发艰难。

《博里纳日的可乐工厂》（*Coke Factory in the Borinage*，参见第41页，图20）局部细节图

第四章：矿工中的传教士

我深爱着博里纳日那片凄苦之地，那里的日子我将永不忘怀……
正是从博里纳日开始，我的关注点第一次离开了大自然。[1]

地点：博里纳日和布鲁塞尔
时间：1878 年 8 月 ~ 1881 年 4 月

1878 年 8 月，凡·高离开埃滕去往布鲁塞尔北部郊区莱肯，在当地的佛兰芒传教士培训学院接受传教士培训。这似乎是一条更快加入教会的捷径，因为该学院并不需要进行长期的专业学习。新同学兼室友皮尔特·约瑟夫·克里斯皮尔斯后来回忆称，凡·高在莱肯过着苦行僧般的生活：他睡觉时拒绝上床，偏要躺在地板上。这一举动带有自我惩罚的色彩，却毫无意义。

三个月后，凡·高没有获得继续进修的资格，但他并未放弃成为一名传教士，转而决定只身前往博里纳日传教。博里纳日是一个落后的煤矿区，位于比利时的西南部，靠近比法边境。凡·高想在那儿的矿工中间进行传教。

然而，凡·高初来乍到便受到了巨大的震撼。博里纳日位于蒙斯城的西面，煤矿资源丰富。矿工们在艰苦危险的条件下作业，却只能拿到微薄的薪水，居住环境也十分恶劣。博里纳日到处都是成堆的煤矿废料，难以想象还有别处的环境会比这里更加阴沉萧条。

图16.《雪地里背煤袋的女人》（*Women Carrying Bags of Coal in the Snow*），1882年11月，纸面水彩、墨水画，32厘米×50厘米，藏于奥特洛的库勒-穆勒博物馆（F994）

起初，凡·高在佩图莱吉斯小镇待了几周，后于年底搬去了附近的瓦梅斯，寄宿在当地的一个农民家里。农民名为约翰-巴普蒂斯特·丹尼斯，他的妻子名叫爱斯特拉。1879年2月，当地教会给了凡·高六个月试用期，准许他向大众诵读《圣经》、教小孩识字和上门探望病人。

同年4月，凡·高造访了附近的马卡塞矿井。据他描述，那里是“一个凄凉之地，一眼望去满是惨淡死寂之景”：地面上穷苦矿工们的“蜗居之所”挤成一团，“屋外是一片被烟熏黑的枯树丛和荆棘篱笆，遍地都是粪堆、垃圾堆和废弃矿堆”；当地矿工“精疲力竭、形容枯槁、饱经风霜、未老先衰”，女人们“大多面色枯黄”。[2]（图16和图17）在矿工的带领下，凡·高乘坐“一种像打水桶一般的篮子或笼子”[3]来到700米深的地下，并在那里度过了饱受煎

图17.《人物头像：矿工》（*Heads of the People: the Miner*），马修·里德利，1876年4月15日，藏于凡·高博物馆档案室

图18.查尔斯·德克鲁克在奎斯梅斯的家，凡·高曾于1880年在此寄宿，约1950年，明信片

图19.《奎斯梅斯，赞德门尼克之所》（*Zandmennik house, Cuesmes*），1880年6～9月，纸面炭笔及铅笔画，23厘米×29厘米，藏于华盛顿的美国国家美术馆（F33）

熬的六小时。地下挖掘场的结构与蜂巢相似，“每个小格里都有一名穿着粗麻布工服的矿工，全身脏兮兮的，像是烟囱清扫工。矿工们借助着矿灯的微弱光亮辛勤工作，凿下一块块煤炭。有些格子里的矿工挺直地站着，有些则平躺在地上”[4]。

此情此景让凡·高深受触动，于是他好心地将自己的衣物及财物送给那些他觉得更需要的人，自己反倒穿得破破烂烂的。但由于他性格内向、不善沟通，矿工们对他信仰上帝的口号并不感兴趣。同样地，凡·高的工作也没有得到教会的认可，在六个月的试用期后，凡·高没能转正，这也意味着他传教士的职业生涯就此终结。

图20.《博里纳日的可乐工厂》（*Coke Factory in the Borinage*），1879年7～8月，纸面水彩、铅笔画，26厘米×38厘米，藏于阿姆斯特丹的凡·高博物馆（文森特·凡·高基金会）（F1040）

尽管凡·高失去了工作，但他仍然坚持留在博里纳日做独立传教士。1879 年 8 月，他从瓦梅斯搬到了蒙斯城外的奎斯梅斯村，寄宿在矿井监工兼牧师的爱德华·弗朗克的小屋里。此时，凡·高的情绪已低落至谷底。

凡·高异样的情绪逐渐引起了家人的注意。父亲提奥多洛斯十分担心儿子的心理状况，于是次年他提出想把凡·高送去赫尔，那是比利时北部的一个村镇，专门收留照顾精神病患者（当时的术语）。凡·高被父亲的主意吓到了，于是和家里断绝了联系，几乎有一年没给家人写信。

1880 年 7 月，凡·高仍然住在奎斯梅斯，不过搬到了另一位名

图21.《雪地里的矿工》，1880年8月，纸面铅笔画，44厘米×55厘米，藏于奥特洛的库勒-穆勒博物馆（F831）

叫查尔斯·德克鲁克的矿工家里（图 18），同住的还有查尔斯的妻子珍妮和孩子们。凡·高和孩子们共享一个房间。对此，凡·高描述道："有两张床，孩子们一张，我一张"。[5]房间很小，但就是在这个小房间里，在这段最艰苦的时间里，凡·高做出了一个重大的决定——成为一名画家。

在博里纳日期间，凡·高仍坚持作画。可惜的是，大部分画作如今都已不知所踪，留存下来的并不多。其中包括两幅送给查尔斯的画（图 19 为其中之一），描绘了矿区当地的房屋样貌。此外，还有一幅罕见的水彩画（图 20）。这幅水彩画创作于 1879 年夏天，画中有一家可乐工厂和一堆矿渣，画风简单稚嫩，却是凡·高已知的第一幅彩色作品。1880 年 9 月，凡·高在给提奥的信中写道："我要重新拾起我的铅笔，重新开始画画，我在失意时把笔放下得太久了。自从拿起笔后，一切都变得不同了。现在的我正走上正轨，不知怎的，手中的铅笔我用得顺手了许多，手感一天要好过一天。"[6] 正是这一年，凡·高创作出了《雪地里的矿工》（*Miners in the Snow*，图 21），展现了矿工们步履沉重地上工时的疲态。

一个月后，凡·高返回布鲁塞尔，希望能在那里拓展自己的新事业，正式开启自己的画家生涯。他满怀希望地抵达布鲁塞尔，憧憬着各种在博里纳日矿区接触不到的机会：在首都的众多博物馆和美术馆里欣赏作品、照着模特写生、在某位画家的工作室或学院里进修，抑或尝试各种不同的绘画素材。

很快，凡·高便在米迪大道上找到了新的住处，那是一间靠近火车南站的小房子，房间"太小，光线也不太好"[7]，更令他不满的是房东不允许他在墙上钉画。为营造出家的氛围，凡·高常会用自己喜欢的画作装饰住处的墙面，但他的这个习惯显然惹怒了一大批房东。

在布鲁塞尔，凡·高联系过几位画家，寻求建议和灵感。抵达布鲁塞尔几周后，他就报名参加了皇家美术学院开设的绘画课，但只过了一个月，他就因为在首次考试中表现不佳而退学。凡·高对学习和绘画总是有着自己的见解，因此他从来不是一个好学生。此后，凡·高又在布鲁塞尔继续待了六个月，尝试在参考书的帮助下提高自己的画技。尽管进展缓慢，但他此时已下定决心要掌握绘画这门艺术。

《埃滕牧师住宅与教堂》（参见第46页，图22）局部细节图

第五章：回归家庭

我要在这儿（埃滕）继续待上一阵子。
英国、法国、比利时，
我在国外漂泊多年，是时候在家里休整片刻了。[1]

地点：埃滕
时间：1881 年 4 ~ 12 月

1881 年的复活节，凡·高回到位于埃滕的家，向父母讲述了自己在博里纳日的种种经历。当父母得知他没有正当收入却仍要留在布鲁塞尔时，他们都被吓坏了，于是劝说凡·高留在家里，这样至少还有个安身之所。凡·高当时确实身无长物，因此即使万般不愿，也只能选择接受父母的建议。他回到布鲁塞尔收拾东西，带上自己少得可怜的行李，并于两周后返回埃滕。这次他打算在家陪伴父母，直到年底。

1876 年，从英国回到家后，凡·高就曾描绘父母家，创作出了《埃滕牧师住宅与教堂》（*Parsonage and Church at Etten*，图 22），只不过当时的笔触还略显稚嫩。如今，五年过去了，他的画技更为娴熟，下笔也更为自信，这一点可以从他回家后不久画的《花园一角》（*Corner of a Garden*，图 24）中得窥一二。这幅画描绘了凡·高父母家院子里的一处纳凉地，该地背靠石墙，有一张桌子、一个椅子和一张长凳，想必是全家人工作之余放松休息的好去处。

在埃滕，凡·高第一次拥有了自己的“画室”——一间原本作为教堂教室的外屋。他终于有了充足的空间来放置绘画工具，没过

多久，画室的墙壁贴满了他的习作。凡·高还将床铺搬到了画室里，晚上就在画室休息，这样他不仅可以在父母及回家探亲的弟弟妹妹面前保留一些隐私，还可以缓和自己与家人间的矛盾。家人无法理解凡·高的生活方式，这让他在家里显得有些格格不入。后来，凡·高家中的女佣回忆，有时凡·高的母亲会让她通知凡·高来喝咖啡，但凡·高总是沉浸在艺术创作之中，甚至会在一个小时后才露面。

凡·高并没有接受过专业系统的绘画培训，主要是靠自学，起初是看一些参考书。回到埃滕后，他开始实地观察描绘对象，试图捕捉到埃滕特有的风景——错落有致的田园及周围的欧石楠荒原。一个月后，他告诉提奥："只要不下雨，我每天都会出门，一般都待在荒地里。"[2]

第46页图
图22.《埃滕牧师住宅与教堂》，1876年4月，纸面铅笔、墨水画，10厘米×18厘米，藏于阿姆斯特丹的凡·高博物馆（文森特·凡·高基金会）（F21）

左图
图23.《翻土人》，1881年10月，纸面炭笔、粉笔、水彩画，62厘米×47厘米，藏于阿姆斯特丹的凡·高博物馆（文森特·凡·高基金会）（F866）

第48～49页跨页图
布拉班特省的欧石楠荒原（德伦塞·杜伊宁国立公园）

同年6月，凡·高迎来了一位老朋友，画家安东尼·凡·拉派德。两人于前一年秋天在布鲁塞尔相识。凡·拉派德在凡·高的画室待了两周，两人每天一起创作。两个月后，凡·高前往海牙同画家毛弗见面，此次见面对凡·高后来的绘画生涯产生了深远的影响，因为毛弗鼓励凡·高在创作时探索色彩的可能性，而在此之前凡·高很少在画中运用色彩，顶多只是涂上少许水彩来提亮画面。

在与两位同行碰面后，1881年10月，凡·高完成了两幅作品，展现了他在绘画上的进步和成长。一幅是《翻土人》（*Digger*，图23），描绘了一个正在辛勤劳作、努力翻土的农民，也体现了埃滕的风土民情，因为翻土是当地一项非常重要的农事活动。另一幅是《埃滕的路》（*Road in Etten*，图25），描绘了一条通往邻村勒尔

图24.《花园一角》，1881年6月，纸面铅笔、墨水、水彩画，45厘米×57厘米，藏于奥特洛的库勒-穆勒博物馆（F902）

的马路，画面右侧的小桥则通往埃滕的火车站。在画这幅画时，凡·高写道："当一个人画一棵光秃秃的柳树时，如果他把这棵柳树视作有生命的个体（实际上，植物也的确有生命），那么整幅画都会变得生动起来。"[3]凡·高的确做到了这一点，路边的两排柳树撑起了整幅画的透视结构，这种林荫道后来也成了贯穿凡·高绘画生涯的一大标志性元素。

凡·高在绘画上取得了长足的进步，但他在埃滕的安稳生活却被一场单相思打破了。那年夏天，凡·高的表姐凯·沃斯带着她八岁的儿子造访埃滕。凡·高疯狂地爱上了凯，甚至向她求婚。但凯当时刚丧偶不久，并无兴趣和比自己小七岁的表弟谈情说爱。她坚

图25.《埃滕的路》，1881年10月，纸面铅笔、墨水、粉笔与水彩画，39厘米×58厘米，藏于纽约的大都会艺术博物馆（罗伯特·雷曼藏品）（F1678）

定地拒绝了凡·高傻乎乎的求婚，随后立即逃回了阿姆斯特丹。这让凡·高受到了巨大的打击，直到几个月后，他才在信中向弟弟提奥吐露心声，写道："我想告诉你，这个夏天我爱上了凯·沃斯，但她却漠视我的情意。"[1]

这一事件无疑加剧了凡·高与父母之间的矛盾。11 月中旬的一天，父亲怒斥凡·高，让他赶紧离开这个家，不过这场争吵最终还是以父子握手言和告终。然而，没过几天，就在 11 月底，凡·高偷偷跑去阿姆斯特丹，敲响了凯·沃斯家的大门，想要见她一面。凯的父亲告诉凡·高，凯已经出门了，不在家中，但凡·高并不相信，仍杵在门前，并做出了令人惊慌的举动。事后，凡·高向提奥描述了当时的场景："我把手指伸进烛灯的火焰里，同时对她爸爸说，

图26.埃滕的新教教堂，20世纪60年代，明信片

让我见她一面，不然我就把手一直放在火里。”[5]凯的父亲把灯吹灭，毫不退让地表示：“你是见不到她的。”凡·高并没有就此放弃，他像只无头苍蝇似的在阿姆斯特丹又待了三天，但最终仍然没能见到凯，因此他心里“难受极了”[6]。

紧接着，凡·高又去了趟海牙——这更多的是出于创作上的考虑。他想要进一步寻求画家毛弗的指导，同时通过绘画抚慰自己受伤的心灵。在海牙的一个月里，凡·高租住在毛弗家附近的一栋公寓里，以便每天带着自己的作品去见毛弗。正是在此期间，凡·高创作出了他最初的几幅油画（多为静物画），当然他画得更多的还是水彩画。

直到圣诞节时，凡·高才返回埃滕家中，这一次他与父母的矛盾尖锐到了极致。圣诞节当天，一场争吵爆发了，原因是凡·高拒绝参加他父亲主持的礼拜仪式（图 26）。两年前，他还在博里纳日矿区传教，甚至为此牺牲了一切；而如今他却走向了另一个极端，抵制基督教的一切。

凡·高在给提奥的信中记录了这场争吵，他写道："我和父亲在圣诞节当天大吵了一顿，父亲很生气，叫嚣着让我最好快点离开这个家。"父亲让他最好快点离开，于是凡·高摔门而出，并对父亲说他觉得"整个基督教都令人作呕"。不过，凡·高也在信中承认，他与父亲之间的决裂主要还是因为"这个夏天发生在我和凯·沃斯之间的事情"[7]。凡·高大步跨出家门，心里充斥着"一生中从未如此强烈过的怒火"[8]。

《木匠的院子和洗衣房》（参见第57页，图28）局部细节图

第六章：与西恩同居

海牙是一个不同寻常的地方，
它是荷兰的艺术之都，环境多样、美丽异常。[1]

地点： 海牙
时间： 1881 年 12 月 ~ 1883 年 9 月

凡·高本打算在埃滕的父母家长住，但经过圣诞节和父母的争执后，他改变了主意，转而前往海牙并在那儿待了近两年。作为荷兰的第二大城市（仅次于阿姆斯特丹），海牙的历史中心区能为一个刚起步的画家提供他需要的一切设施。而当时的海牙郊区处于尚未开发的状态，大片的森林绵延向西，一直延伸到席凡宁根的渔港，这些迷人的景色为画家提供了绝佳的创作素材。

幸运的是，凡·高很快就找到了住处，并于 1882 年元旦入住。他在给提奥的信中写道："我租了一间画室，其实就是一间有壁龛的房子，壁龛稍加整理就可以改作他用。房子（的租金）挺便宜的，就在（海牙）城外。"[2] 新住处位于施恩韦格（海牙的城乡交界处），门外有一条大路通往远处的希金斯波尔火车站（现荷兰中心火车站），道路两旁散布着房屋和草地。

凡·高在作品《施恩韦格的房子》（*Houses on Schenkweg*，图 27）中描绘了自己在海牙的住处。刚到海牙时，凡·高住在画面右侧较高的楼房中靠左上的位置，后来他又搬到了隔壁较矮的建筑里。

图27.《施恩韦格的房子》，1882年3月，纸面铅笔、墨水画，42厘米×71厘米，藏于海牙市立博物馆，长期租借自荷兰文化遗产署（威尔·范埃克-纽温休泽恩·塞加尔藏品）

抵达海牙几天后，凡·高告诉提奥：“我喜欢这里的生活，能有一间自己的画室实在是太棒了，我甚至无法用言语来形容这种感觉。”[3]施恩韦格的新住处给凡·高带来了些许慰藉，让他暂时忘却了自己和父母的紧张关系。他添置了几件简单的家具，并一如既往地在墙上挂上了版画作为装饰。

接下来几个月，凡·高以施恩韦格为灵感绘制了许多画作，其中有几幅描绘了住处一楼后窗外的景色，如水彩画《木匠的院子和洗衣房》（*Carpenter's Yard and Laundry*，图 28）。画面右前方是一个晾晒衣服的场地及一间小小的洗衣房，远处则是木匠的院子。

由于需要用水彩上色，这幅画创作起来并不容易，甚至略显繁复。事实上，该画是叔叔科尔交给凡·高的委托之一。科尔是阿姆斯特丹的艺术品商人，他一次性委托凡·高完成七幅画，希望能借

图28.《木匠的院子和洗衣房》，1882年5月，纸面铅笔、粉笔、墨水和水彩画，29厘米×47厘米，藏于奥特洛的库勒-穆勒博物馆（F939）

此鼓励侄子好好作画，并承诺会支付一笔可观的报酬。然而，叔叔对凡·高交出的成品并不满意，因为他原本期待收到的是以海牙著名景点为主题的风景画，而非以邻家后院为主题的日常画作。

同一时期，除了这次委托，凡·高还创作了一系列有关海牙的作品，主题包括垃圾车、天然气储罐、挖路的工人、火车站三等候车室里的旅人、附近施粥场里的贫民和救济院里的孤寡老人。凡·高选择的这类绘画主题显然并不讨喜，再加上他略显业余的画风，导致其作品受到了市场的冷遇，根本卖不出去。

在海牙住了几周后，凡·高迎来了他生命中的转折点，他遇见了西恩·霍尔尼克，唯一与他组建过家庭的女人。[4] 起初，凡·高只是想要聘用西恩充当自己的模特。那时，刚满32岁的西恩还在做皮肉生意，她育有三个私生子，其中两个在襁褓中就已夭折，只有一个女儿活了下来，更糟糕的是，西恩当时再度怀孕，这无疑让她原本就艰难的生活雪上加霜。

从任何角度来看，凡·高和西恩都并不登对，但出乎所有人的意料，两人的关系迅速变得亲密了起来。考虑到西恩的背景，凡·高过了几个月才向弟弟提奥介绍西恩，他写道："今年冬天我遇到了一位怀孕的女人，本该对她负责的男人弃她而去。她在北风阵阵的街上游荡，挺着肚子还要自己赚钱。你该想象得到她有多艰辛了吧。"[5]除了最初的几次，凡·高后来再也没有支付过西恩的模特费用，但他开始帮西恩支付房租。那时，西恩和母亲一同租住在海牙的贫民窟中。

凡·高动情地向提奥形容道："西恩现在就像一只温顺的小鸽子一样跟着我。"不仅如此，凡·高还在信中表露出了迎娶西恩的愿望，他写道："只有这样我才能继续帮助她，以免她再度坠入深渊。"[6]凡·高并没有直说他和西恩陷入了爱河，反而提出了这样一个古怪的结婚理由，这让提奥颇为不解。

凡·高的这番解释的确说得不够圆滑，因为早在一年前，提奥就开始定期资助凡·高，希望哥哥可以全身心地投入艺术创作，进而成为一个画家。但西恩的到来让事情变得复杂了，这意味着提奥还得赡养一个几周前还是妓女的人。

西恩身上到底有什么在吸引着凡·高呢？在向提奥公开自己与西恩的关系的三天后，凡·高承认西恩"有多数人都会厌恶的怪癖"，她说话"很脏"，也就是喜欢说粗话，"性格上有些神经质，很多人肯定都受不了"[7]；她一直过着苦日子，因此"也不再年轻，不再漂亮"[8]。此外，西恩对绘画也不感兴趣，那么她和凡·高究竟有什么共同点呢？表面上，凡·高似乎是因为觉得自己要拯救一个"堕

图29.《悲伤》，1882年4月，纸面粉笔画，45厘米×27厘米，藏于沃尔萨尔的新艺术画廊（F929a）

落的女人”才和西恩在一起的，但两人之间一定有一条强烈的情感纽带在维系着。实际上，凡·高和西恩都是经历过生活苦痛的孤独灵魂，他们互相支持着彼此。

4 月，凡·高创作出了一幅极富感染力的画（图 29）。画作的主角是全身赤裸的西恩，她孕肚隆起，乳房下垂，弯腰而坐，双手环抱，俯首掩面。凡·高在画面右下角的显眼位置用英文写上了标题《悲伤》（*Sorrow*）。之所以使用英文，很可能是当时他还想着要去英国某家杂志社做插画师。除了标题，凡·高还在画面下方用法文写道：“这个女人为何如此孤单？因为她被抛弃了。”这段文字的前一句源自凡·高喜爱的法国作家朱尔斯·米舍莱，后一句则是凡·高自己补上的。

此外，凡·高还以爱人为主题创作了另一幅画《围炉而坐的西恩》（*Sien Seated Near the Stove*，图 30）。画中的女人侧坐在木地板上，抽着雪茄，神情沮丧。不过，这一次西恩没有俯下头，而是凝视着左侧的火炉及一旁正在加热的水壶，因此我们可以看到她的面容（尽管只是侧脸）。该画很可能创作于寒冷的 4 月，由于房间比较阴冷，西恩只能坐在火炉旁取暖。在这幅画中，凡·高将西恩塑造成了一个严肃且坚强的女人。

随着两人的关系越发紧密，西恩住在施恩韦格的时间越来越长，回自己家的次数越来越少。然而，凡·高的住处空间有限，只有一个单人卧室和一个小小的壁龛，于是从 4 月开始，凡·高又在楼上租下了一个卧室大小的阁楼。

5 月，凡·高染上了淋病，想必是被西恩感染的。因此他在医院住了近一个月，每天忍受着痛苦的治疗。在住院期间，凡·高经常会翻阅狄更斯的小说或有关透视的绘画参考书来消磨时间。父亲

图30.《围炉而坐的西恩》，1882年4月，铅笔、墨水和水彩画，45厘米×56厘米，藏于奥特洛的库勒-穆勒博物馆（F898）

提奥多洛斯还特意来医院看望了凡·高，态度出人意料的和善。看到自己的儿子因为一个曾是妓女的人染上性病并住进医院，这位牧师父亲的心里必定不会太好受。

当凡·高还躺在病床上时，西恩已经因为孕期情况不稳定（很可能会难产）住进了位于莱登的医院。7 月 2 日，西恩在医院顺利诞下一名男婴，并取名为威廉（或许取自凡·高的中间名）。在威廉的出生登记上，母亲西恩的职业变成了“女裁缝”（图 31）。[9] 曾有人提出，威廉是凡·高的私生子，不过这不太可能，因为没有证据表明凡·高早在九个月前就认识西恩。

凡·高在威廉出生前就已经出院，然而，由于几周前有一场暴

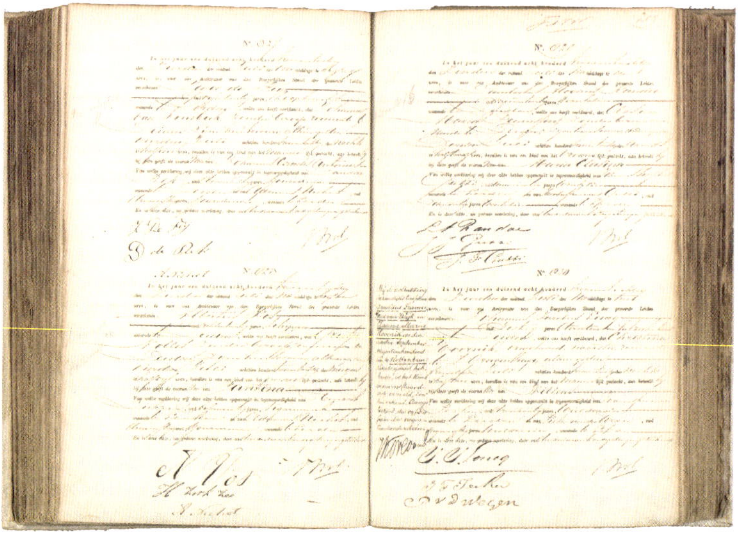

图31.威廉的出生登记：西恩·霍尔尼克之子，生于1882年7月2日，出生地莱登（参见右下方的030号条目），藏于莱登公务档案馆

风过境，他原本的住处变得破破烂烂的，有一扇窗完全坏了。考虑到家庭会增加一名新成员，住处的空间太小，凡·高决定搬家，在隔壁的楼房里租一套更宽敞的屋子。新的住处位于一楼，进门便是一个大客厅，可以作为画室，客厅后有一个小房间和一间厨房，楼上有一间卧室。

西恩生完孩子后身体仍然很虚弱，因此又在医院待了两周。在西恩回家后的次日清晨，凡·高写信给提奥道："我和西恩，还有两个孩子在阁楼的卧室里睡了一晚。卧室很像是一艘船的货舱，因为四面的墙壁都镶着木板……和他们待在一起很自在，一点也不奇怪……我觉得工作与家庭是可以兼容的，尤其是在画人物肖像的时候。”[10]凡·高无时无刻不把绘画放在心上，西恩和孩子们很快就成了他的模特。

威廉出生的次年，凡·高创作了《跪在摇篮边的女孩》（图32），描绘了西恩五岁的女儿玛利亚跪在弟弟威廉摇篮边的情景。凡·高对玛利亚十分怜惜，他写道，小女孩“过去常常生病，而且无人照顾”“过去经受的苦难至今仍未完全消去”。[11]同样地，凡·高对威廉也视如己出，他在威廉的一岁生日时写道：“我们的小男子汉一岁大了……他是我见过最讨人喜欢的小家伙。”[12]

在凡·高的努力下，他的家人渐渐接受西恩和两个孩子。在威廉出生的一个月后，提奥登门造访，这是他第一次见到西恩。更令人惊讶的是，几周后，凡·高的父亲也来他们的住所探望。后来，凡·高心心念念的母亲还体贴地寄来了一包衣物，其中有“一件厚实的女款大衣”，这让凡·高“非常感动”。[13]

有生以来，凡·高第一次有了自己的小家庭。他决心要好好照顾西恩和孩子们：“我不想让她觉得自己被孤立被抛弃了，哪怕一刻也不行……我爱她，也爱她的孩子们。”[14]然而，周围的人对凡·高的举动非常不解，他们对两人的结合感到异常愤怒：一个是牧师的儿子，出身良好；一个不久前还是妓女，带着两个爸爸都不是同一人的私生子。这两个人怎么能在一起呢？在大部分人眼中，凡·高与西恩的结合就是一桩丑闻。

画家毛弗听闻两人的关系后非常震惊，甚至因此开始与凡·高保持距离。其他朋友对此也都颇有微词，如古皮尔公司海牙分部的总负责人赫尔曼纳斯·特斯底格（凡·高十年前工作时的上司）。相应地，凡·高也看不惯特斯底格，并表示：“我相信，冷血如他，就算西恩溺水身亡，他也会说这对社会的文明百无一害。而我不同，

图32.《跪在摇篮边的女孩》，1883年3月，纸面铅笔、粉笔、水彩画，48厘米×32厘米，藏于阿姆斯特丹的凡·高博物馆（文森特·凡·高基金会）（F1024）

只要能和西恩待在一块，即便是一同落水又有何妨？”[15]那时的凡·高肯定没想到，这番话在日后竟然成了现实。

时间一天天地过去，结婚的念头也慢慢在凡·高的脑子里淡去，其中一部分或许得归结于家人和朋友的反对。此外，凡·高本人很可能也对这段恋情的前景产生了疑虑。西恩脾气暴躁，并非良伴，凡·高也不见得是盏省油的灯。虽然西恩需要养活自己和两个孩子，同时渴望家庭的温暖，但并没有迹象表明她想要同凡·高结婚。

与此同时，凡·高全身心地投入绘画创作。他不知疲倦地作画，并且不是像以前那样照着参考书来画，而是照着模特来画——不管是西恩和她的孩子们，还是救济院的孤寡老人，抑或是席凡宁根的渔夫。一开始，凡·高笔下的海牙人还会显得有些僵硬笨拙，但几个月后，这种情况就消失了。

在这一时期，凡·高深受英国蚀版画家的影响。这些画家大多为英国的两大周刊《伦敦新闻画报》和《逐日画报》工作。凡·高早在伦敦时就知道这两大刊物，不过直到这次住在海牙，他才开始大规模收集这些画家的作品。1883 年 1 月，凡·高买下一套 19 世纪 70 年代的《逐日画报》，整套共 21 卷。他把画报上喜欢的图片剪下来整理成册，并将其中的一些挂在墙上以激发自己的创作灵感。受到这些报刊插画的影响，凡·高首次尝试了平版印刷，希望能借此更好地宣传自己的作品。在海牙期间，他一共完成了八幅版画，其中有一幅是基于作品《悲伤》（图 29）创作的。

凡·高在海牙时期的最大突破，当属他对色彩的运用。此前，他就在埃滕画过水彩画，但直到经过毛弗的鼓励，他才开始尝试油画。后来，凡·高宣称他在海牙完成了 70 幅“油画习作”[16]，不过如今留存下来的仅有 20 幅。

图33.《席凡宁根的海景》，1882年8月，粘在帆布上的纸面油画，36厘米×52厘米，藏于阿姆斯特丹的凡·高博物馆（F4）

在凡·高的早期油画作品中，最出彩的要属《席凡宁根的海景》（*View of the Sea at Scheveningen*，图 33）。该画创作于 1882 年 8 月末，描绘了风暴将至时的海边景象：一艘渔船近岸停泊，岸上三三两两站着几个人，另有一匹拉着车的马守在岸边。整幅画的亮点是凡·高用厚涂法塑造出来的层层海浪，他把海浪比作“翻耕过的土地上的犁沟”[17]。为捕捉到这场将至的风暴，凡·高当天早早就带着画具出门守在渔港。这幅画的表面还嵌入了一些沙粒，可见那天的风有多大。

1883 年，凡·高与西恩的关系急转直下。8 月，在小威廉出生一年多后，凡·高写信向提奥倒苦水，抱怨伴侣的坏脾气。西恩早就坦承过自己是一个懒惰的人，所以之前才会沦落为“荡妇”（西

图34.普罗温尼辛格尔，约1905年，明信片

恩常用这个词来形容自己）。她还曾对凡·高说："我最终的宿命一定是投河自尽。"[18]

不幸的是，这一断言21年后变成了现实。很少有人提及西恩后来的生活，不过可以确定的是，她离开凡·高后，就把孩子交给家里其他人照顾了：女儿玛利亚跟着西恩的母亲生活，小威廉则跟着西恩的兄弟皮尔特生活。西恩自己先是从海牙搬去代尔夫特，后又去了安特卫普，最后在鹿特丹落脚。

1901年，51岁的西恩嫁给了比自己小11岁的阿诺德·弗朗西斯·凡·维克，这是她的第一次婚姻。[19]不过，也有传言说两人只是走个形式，因为当时19岁的威廉虽然改了姓，但还是跟着舅舅生活。

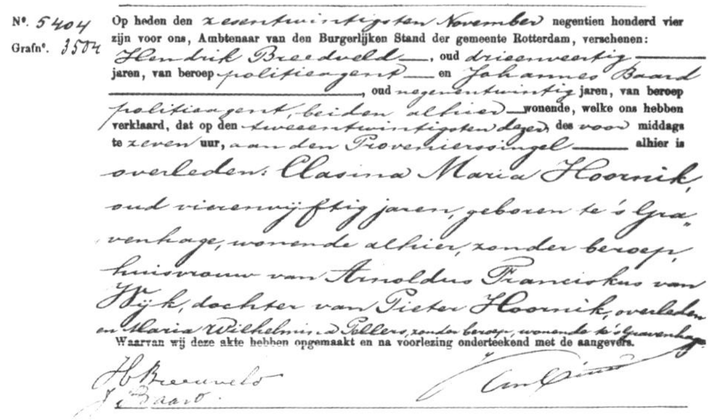

N°. 5404 Op heden den zesentwintigsten November negentien honderd vier
Grafn°. 3504 zijn voor ons, Ambtenaar van den Burgerlijken Stand der gemeente Rotterdam, verschenen:
Hendrik Breeveld, oud drieentwintig jaren, van beroep politieagent en Johannes Baard, oud negenentwintig jaren, van beroep politieagent, beiden alhier wonende, welke ons hebben verklaard, dat op den tweeentwintigsten dezer, des voor middags te zeven uur, aan den Proveniersingel alhier is overleden: Clasina Maria Hoornik, oud vierenvijftig jaren, geboren te 's Gravenhage, wonende alhier, zonder beroep, huisvrouw van Arnoldus Franciskus van Wijk, dochter van Pieter Hoornik, overleden en Maria Wilhelmina Pellers, zonder beroep, wonende te 's Gravenhage.
Waarvan wij deze akte hebben opgemaakt en na voorlezing onderteekend met de aangevers.

H Breeveld
J Baard

图35.克拉辛纳（西恩）·玛利亚·霍尔尼克的死亡记录，死亡时间约为1904年11月22日（登记于1904年11月26日），藏于鹿特丹城市档案馆（999-09.1904F, f.134）

关于西恩死亡的记录并不多，而且内容也真假参半。研究凡·高的知名学者扬·胡尔斯克是第一个记录“西恩自溺身亡”[20]的人，但他记错了西恩的具体死亡时间，加大了后期调查考证的难度。记者肯·威尔基出版过有关凡·高的书籍，他认为西恩的自杀地是“斯海尔德河”[21]，该河流经安特卫普。另一位凡·高研究专家卡罗尔·泽梅尔则认为西恩的“自杀地点位于鹿特丹港口”[22]。

那么，西恩究竟是如何结束自己悲剧的一生的呢？一份未公开过的死亡记录（图35）称西恩的遗体于1904年11月22日被发现，出现在普罗温尼辛格尔（图34，该区域曾在战争遭受轰炸，变化很大，只有一处园林幸存下来），即鹿特丹中央车站的北边，巧的是，那里的运河及邻近的大街都叫这个名字。死亡记录没有明确说明西恩是在运河、街道，还是在附近的房屋中去世的，但记录下方有警官亨利·布里德维尔德和约翰·贝尔德的签字，这似乎间接证实了

1

Een lijk gevischt.

Hedenmorgen om kwart over zevenen werd door een plantsoenwerker in den Proveniersingel nabij de Van der Sluysstraat drijvende gevonden het lijk van een ongeveer 45-jarige onbekende vrouw, zeer mager en met loshangend haar. Het signalement luidt als volgt: lengte 1.65 m. haar, wenkbrauwen en oogen donkerbruin, hoog voorhoofd, groote mond, gave tanden; gekleed met zwart gehaakten wollen doek, zwarten rok, groenen onderrok, wit met blauw gestreepten onderrok, wit-keperen onderbroek, zwarte kousen, zwarte bottines, wit katoenen hemd, groen jacquetlijfje, verguld zilveren oorknoppen met steentjes, aan den linkermiddelvinger een zilveren ring met gouden plaatje. Inlichtingen worden verzocht door den commissaris der 1e politieafdeeling, bureau Pauwensteeg.

2

— Door een vuilnisvisscher werd heden morgen kwart over 7 in den Proveniers singel drijvende gevonden het lijk van een onbekende ongeveer 48 jarige vrouw. Het lijk dat per drenkelingenbak naar Crooswijk is gebracht was 1.65 M. lang met donkerbruin haar, wenkbrauwen en oogen, had ovaal mager gelaat, hoog voorhoofd, gewone kin, neus en lippen, groote mond met grove tanden.

Het was gekleed in: zwart gehaakte wollen doek, groen jaquet lijfje, zwarte rok met zak, waarin een ongemerkte witte zakdoek, groene rok, wit en blauw geruitte onderrok, wit keperen broek, zwarte kousen, zwarte bottines en wit katoe en hemd, alles ongemerkt. In de ooren waren verguld zilveren knopjes met steentjes en aan den rechter middenvinger droeg zij een zilveren ring met klein gouden plaatje.

3

Aan den Proveniersingel te Rotterdam is het lijk opgehaald van een ongeveer 40-jarige vrouw, die vermoedelijk des nachts te water geraakt was.

4

Het lijk der onbekende vrouw dat Dinsdagmorgen uit den Proveniersingel werd opgehaald en waarvan het signalement door de politie was verspreid, is Zaterdag begraven zonder dat het had mogen gelukken de identiteit vast te stellen. De politie had echter de kleederen en verdere op het lijk bevonden voorwerpen in bewaring gehouden en Zaterdagavond vervoegde zich op het betrokken bureau een man, A. F. v. W. genaamd, oud 54 jaar en wonende in de Verlaatstraat No. 30/2. Hij deelde mede dat zijn vrouw, genaamd C. M. H., sedert Maandag vermist werd en toen men hem de kleederen der drenkelinge en een ring, dien zij gedragen had, vertoonde, herkende hij deze als het eigendom zijner vrouw. Daarmede was echter de identiteit van het lijk nog niet officieel vastgesteld, zoodat dit hedenmorgen moest worden opgegraven in tegenwoordigheid van den man, die toen ook zijn vrouw herkende. Dit geval toont weer aan hoe noodzakelijk voor een stad als Rotterdam een inrichting is, waar onbekende lijken voor langeren tijd bewaard kunnen worden.

图36.各家报纸对溺水新闻的报道：（1）《鹿特丹报》，11月23日；（2）《马斯博德报》，11月23日；（3）《海牙新闻报》，11月24日；（4）《鹿特丹报》，11月29日

西恩并非自然死亡。根据死亡记录上的时间和地点，我们在当地的各家报纸上找到了有关无名女子溺水身亡的新闻报道。[23]［图36（1）–（4）］

11月23日，《鹿特丹报》［图36（1）］版刊登了一份报道。报道称，23日清晨，一名园丁在普罗温尼辛格尔发现了一名45岁左右的女性尸体。[24] 女性身高约1.65米，“非常瘦弱”，头发和瞳孔为深棕色，一身黑衣，左手中指上戴有一枚银戒。同一天，《马斯博德报》［图36（2）］也进行了简单的报道，称一名清洁工发

现了一具女尸，尸体后来被驳船运到了鹿特丹北部最大的公墓——克罗斯维克。

根据上述信息，我们可以推断出西恩极有可能是在11月21～22日晚间只身跳入冰冷的运河自杀的。西恩54年的人生里充满了各种苦痛，我们无从知晓最后是什么原因导致她选择以这样的方式悲惨地离开这个世界。

六天后，《鹿特丹报》再次报道了这一事件［图36（4）］。11月26日周六晚，西恩的丈夫阿诺德（报纸上刊登的是他的姓名首字母缩写“A.F.v.W.”）来到警察局，他声称自己最后一次见到妻子是在周一。警方给阿诺德看了死者穿戴的衣物和戒指，他认出这些都是他妻子的。在西恩失踪后的那一周，阿诺德一定寝食难安。然而，更加糟心的还在后面。

警方认为有必要让阿诺德确认一下尸体，但不幸的是，尸体在几个小时前就已经入土。于是警方又把尸体挖了出来。阿诺德不得不盯着自己妻子的尸体，尸体已经浮肿，还因时间过久有些腐烂，这种经历光想想就觉得可怕。《鹿特丹报》在报道里把这名女性死者简称为C.M.H.（西恩全名克拉辛纳·玛利亚·霍尔尼克的首字母缩写）。

这篇报道似乎也证明了西恩和阿诺德并不是简单的形式夫妻，因为报道中提到了他们的居住地是韦尔马特大街30/2号，距离普罗温尼辛格尔不过十分钟路程。[25]而且阿诺德在妻子去世前几个小时还见过她，因此两人应该是住在同一屋檐下的。

在西恩去世后，阿诺德仍然留在鹿特丹，直到1916年去世。

西恩的女儿玛利亚·霍尔尼克，也就是凡·高画里的那个小姑娘，于 1940 年去世。威廉则于 1958 年去世。也许是命运的捉弄，威廉长大后竟然成了荷兰国家自来水厂的工程师。

在西恩自杀的 12 天前，一个大型的凡·高作品展在鹿特丹的奥尔德泽尔展览馆开幕，该展览馆距离西恩的住处仅有一千米。这或许只是一场巧合，西恩对绘画没有半点兴趣，但凡·高此时早已成了举世闻名的画家。不知，在离开这个世界前，西恩是否知道这个曾经与她一起生活的男人已经声名远扬，又是否知道这个男人早在十几年就以自杀的方式结束了自己的画家生涯？

《新阿姆斯特丹吊桥》（*Drawbridge in Nieuw-Amsterdam*，参见第78页，图38）局部细节图

第七章：偏远北境

这封信来自德伦特的偏远之地。

我坐上驳船，穿过荒野，经过漫长的旅程才抵达这里。[1]

地点：德伦特
时间：1883 年 9 ～ 12 月

1883 年的夏天，凡·高和西恩的关系每况愈下。对凡·高有所了解后，我们很难想象他是怎么和一个吵闹的婴儿相处的。更令人大跌眼镜的是，西恩的母亲对女儿施压，叫她重操旧业，或者至少做个“妓院的女佣”（如果凡·高所说的一切属实）。凡·高甚至说，西恩之前“上街卖淫”[2] 完全就是她母亲的主意。经济上的困顿成了笼罩在施恩韦格住处上的阴霾，也逐渐压垮了凡·高和西恩之间的关系。

凡·高变得越来越不耐烦，他想要换个地方沉下心来画画。在城市里居住了近两年后，他开始向往“真正的乡村”[3]。凡·高看上了荷兰北部的德伦特，那里人烟稀少、景色开阔、民风剽悍，画家毛弗和凡·拉派德都曾在那儿小住，写生创作。

在选好目的地后，凡·高劝西恩带上两个孩子和他同行。但西恩显然并不愿意离开海牙转而去到一个偏远之地。凡·高在给弟弟提奥的信中写道：“当下最好的办法是娶了西恩，然后把她带去德伦特。不过事实是，她自己不愿意，条件也不允许。”后来，凡·高还在这段文字的旁边又补充道：“她一点都不体贴，一点都不听话。”[4]

德伦特风光（霍赫芬北部的希克维尔德）

凡·高先前还对抛弃过西恩的男人颇有微词，现在却轮到他自己出演同样的戏码了。他把自己要搬走的消息告知施恩韦格的房东，然后将西恩和两个孩子送回西恩母亲那儿。1883年9月11日，凡·高登上了开往德伦特的火车。后来，他在给提奥的信中写道："西恩和两个孩子一直陪着我到最后一刻，离别不易。"[5]

当晚，凡·高便抵达了霍赫芬镇，并在火车站旁找了个地方住下。一放好行李，他就跑去了附近的一家酒吧，并在那里给提奥写信："我现在坐在一家大型酒吧里，这儿的酒吧和布拉班特那儿的没什么两样。我看到一个坐着削土豆皮的女人，这个人物形象还挺有意思的。"[6]醉心艺术的凡·高显然已经将这个女人视作自己潜在的绘画素材。

尽管房东同意将阁楼的一部分空间借给凡·高作为画室，但阁楼只有屋顶上开了一扇小窗，光线不足，因此凡·高还是无法好好作画。凡·高在霍赫芬只待了两周，但他充分利用了这两周，尽情探索周边的荒原，并用画笔将秋日的农舍及运河定格在了作品中。

颇具神韵的水彩画《泥炭堆》（图37）应该就是在霍赫芬的野外画成的。在暮色的天空下，黝黑的泥炭堆及其在运河里的倒影相映成趣，远处的两座农舍在田野里若隐若现。凡·高很可能造访过这两座农舍，因为他曾写信告诉提奥，自己去过一些农舍，里面"和洞穴一样黑"，并颇有兴致地补充道："农舍的屋顶上长有青苔，颜色深沉，在朦胧的黄昏里格外显眼。"[7]

霍赫芬湿冷的天气和差劲的住宿条件让凡·高的日子变得越发难熬，他写道："这里整日阴雨连绵。我走进阁楼，来到属于自己的角落，满眼都是让人抑郁的景象——微弱的光线透过天窗，落在空白的调色盘中，盘上搁着几支笔毛稀疏的画笔。"[8]

图37.《泥炭堆》（*Landscape with a Stack of Peat*），1883年9～10月，纸面水彩画，42厘米×54厘米，藏于阿姆斯特丹的凡·高博物馆（文森特·凡·高基金会）（F1099）

三周后，凡·高搬去了人烟更加稀少的地方。他乘坐马拉驳船一路向东，经过30千米的路程后抵达靠近德国边境的新阿姆斯特丹。这个村镇的历史不过几十年，最初的居民是来自阿姆斯特丹的投资人，他们看中了该地丰富的泥炭资源因而定居于此。

新阿姆斯特丹比霍赫芬还要偏远很多，不过凡·高却在这里找到了更加舒服的住所。他住在一家小旅馆的二楼，可以俯瞰运河的美景。在给提奥写的信中，他写道："现在，我的屋子宽敞了不少，屋里摆着一个火炉，还凑巧有个阳台。我站在阳台上就可以看到远处的荒原和零星的房子，还有一座非常古怪的吊桥。"[9]

图38.《新阿姆斯特丹吊桥》，1883年10月，纸面水彩画，39厘米×81厘米，藏于格罗宁根博物馆（F1098）

新住处的楼下是“农家的厨房，有个敞口的土灶台，晚上坐在旁边很舒服”，这让凡·高联想到“那些农民家里的火炉，火炉旁通常还会摆着婴儿的摇篮”[10]。此情此景下，关于小威廉的回忆如潮水般向凡·高涌来。此外，凡·高特别喜欢这里日落后天空的色彩变化，他写道，村子里到了傍晚“真的让人感到惬意。落日的余晖穿过一扇扇小窗子，映照在水中，投射到泥潭里”[11]。

在这一时期，凡·高创作了水彩画《新阿姆斯特丹吊桥》（*Drawbridge in Nieuw-Amsterdam*，图38）。该画描绘了凡·高从阳台上看到的情景：那是一个雨天，一个女人正走过旅馆前的街道，背景是运河对面三三两两的房屋。在天气如此凄冷的一天，凡·高能待在火炉边慢慢作画，想必内心是十分愉悦的。

在写给提奥的一封信里，凡·高画了一页速写向弟弟展现自己在德伦特的生活（图39）。这页速写由多个大小不一的小画组成，构图非常有趣，很可能是受到了英国报刊插画的影响。通过考证，

图39.凡·高在德伦特画的速写，约1883年10月3日，纸面钢笔画，21厘米×13厘米，藏于凡·高博物馆档案室（书信392）

图40.《德伦特风景》，1883年9 ~ 10月，纸面铅笔、钢笔和水彩画，31厘米 × 42厘米，藏于阿姆斯特丹的凡·高博物馆（文森特·凡·高基金会）（F1104）

如今我们可以确定其中一些小画对应的大致地点。[12] 左上角的第一幅画中的小屋应该位于纽韦鲁德（霍赫芬的东面）；右上角的画中一个骑马人立于有吊桥的运河边，据推测应该是在兹温德伦（霍赫芬和新阿姆斯特丹之间）；底部的画面中间是一条大道，道路两侧是两排低矮的房屋，这里大概是在新阿姆斯特丹。页面中段左侧抱着孩子的女人肯定让凡·高再一次想到了西恩和小威廉。此外，凡·高还创作了《德伦特风景》（*Landscape in Drenthe*，图 40），在画中描绘了运河附近的景色。

然而，随着冬天的临近，凡·高初到新阿姆斯特丹的热情慢慢被磨灭了，取而代之的是生活的艰苦及在户外写生的不快。他在德伦特的花销远比预想的要多，而且也很难在当地买到他需要的画材，因此他只能依赖提奥给他邮寄材料。远离朋友，没有机会见到同行，这些都让凡·高感到无比孤独。

于是，凡·高开始寻找下一个落脚点。起初，他想过回海牙，但一方面他囊中羞涩，无法负担在海牙的开销；另一方面他也害怕再见到西恩，因此实际上，他除了回父母家别无选择。12 月 4 日，凡·高从新阿姆斯特丹启程，步行返回霍赫芬，他很可能是先将部分行李通过驳船托运，然后轻装上阵。整个步行过程应该十分耗费体力，因为凡·高后来写道："我走了六个多小时才到霍赫芬，沿途大部分都是荒野。那天下午打着雷，下着雨，还飘着雪。"但奇怪的是，他又说这段旅程"一直在激励着我"，因为"我与沿途的风景产生了共鸣，它可以让我的心灵恢复平静"[13]。对凡·高而言，这无疑是一种非常复杂的体验，尽管身体极度疲惫，心灵却获得了抚慰。

后来，凡·高在回首这个秋天时说："德伦特是个好地方，但要住在那里并不容易——你得有足够的钱维系生活，还得忍受居住在那儿的孤独。"[14] 抵达霍赫芬后，凡·高住了一晚稍做休息，次日便登上了开往父母新家的火车。火车之旅虽然漫长，相比步行却又舒服许多。

这是凡·高自 1881 年圣诞节起第一次回父母家，那次他在埃滕家中和父亲大吵一架后就离开了。来年 8 月，凡·高父母便搬去了纽南（埃因霍温城外）居住。因此，凡·高在火车上肯定颇为忐忑，十分担心父母见到他后的反应，尽管他很期待回到父母的新家。不过他没想到的是，纽南这个村庄很快就会成为他临时的"家"。

《纽南的牧师住所》（*Parsonage at Nuenen*，参见第86页，图41）局部细节图

第八章：《吃土豆的人》

我在纽南画过正在吃土豆的农民，那幅画是我最出色的作品。[1]

地点： 纽南
时间： 1883 年 12 月 ~ 1885 年 11 月

凡·高一步步走近父母在纽南的家（图 41）。他发现，比起埃滕的旧家（图 22），新家没有太多不同，只是面积变小了一些。此时，凡·高的弟弟妹妹大多都已经离开了父母家，只是隔三岔五回家看看，仅剩维尔还和父母住在一起，因而纽南这栋新房子（现存，图 42）的空间已经足够大了。

当凡·高跨进家门时，父亲提奥多洛斯和母亲安娜想必也十分急切。上一次在埃滕，双方不欢而散，凡·高气冲冲地跑出家门，并和一个妓女组建了家庭。然而，他性情固执，而且没有稳定的收入，这似乎都注定了他无法长期维系一个家庭。这一次，凡·高风尘仆仆地从德伦特归来，衣冠不整地出现在家门口。父亲提奥多洛斯在一个月后毫不客气地指责道："他就是一个怪人。"[2] 但凡·高毕竟是家中长子，父母觉得有责任照顾他，即便他已入而立之年。

至于凡·高，他也有同样复杂的情绪。一方面，他对自己之前愤然离家的行为抱有一种挥之不去的愧疚；另一方面，他仍对上次受到的待遇心有不满。凡·高清楚自己很难赚到钱，而待在家里生活显然会轻松不少，因此他觉得要好好利用这次在家的机会。

纽南鲁斯登克的风车磨坊

图41.《纽南的牧师住所》，1885年9～10月，布面油画，33厘米×43厘米，藏于阿姆斯特丹的凡·高博物馆（文森特·凡·高基金会）（F182）

凡·高明白，父母虽然表面上欢迎他回家，但打心里看不起他。他们仍在用中产阶层那一套价值观来评判他，根据他的外表穿着来评判他。面对父母的轻视，凡·高在写给弟弟提奥的信中回应道："人如画笔，中看的不一定中用。"[3]

才在家住了几天，凡·高就感觉到自己的待遇和一条表现不佳的狗一样："'他'会湿着爪子进房间，浑身也乱糟糟的。'他'总是挡着别人的路，还喜欢大声叫唤。简而言之，这是一条坏狗。"但不同的是，"这条狗有过为人的经历。尽管'他'是一条狗，却有着人的灵魂。'他'的感知也更加灵敏，能感觉出别人是怎么看'他'的，而一般的狗做不到这一点"。在给提奥的信中，凡·高

图42.纽南牧师住所，约摄于1950年

写道，如果父母继续贬低他，他或许就只能“另寻狗窝”了。把自己类比为狗，不仅如此，他还并不无嘲讽地总结道：“这条狗非常遗憾没有滚得远远的，因为‘他’住在这栋房子里比留在（德伦特的）荒野中还要孤独。”[4]

为了缓解双方的紧张关系，凡·高选择退让，并开拓一个远离父母的私人空间。另一方面，他也的确需要一个合适的空间来充当画室，以弥补之前在德伦特的遗憾。因此他询问父母，能否把房子后面扩建的外屋让给他作画室，那间屋子原本是用来洗衣服的地方，现在主要用于仓储。父母同意了。

透过凡·高后来描绘牧师住宅后院的画作，我们可以看到外屋

图43.纽南牧师住所外屋的内景照，这间外屋曾是凡・高的画室，约摄于1924年

附近有储煤仓库、下水道和粪池（可能还有厕所），环境实在不好。此外，我们还可以通过一张拍摄于20世纪20年代的照片（图43）一窥外屋的内景，这间破屋子后来变成了一间鸡舍。

如凡・高所愿，新画室的出现缓和了家里的紧张气氛。父亲提奥多洛斯到底还是心疼儿子，他觉得外屋环境太差不适合作画室，因此体贴地在屋里装上了火炉，并在石板地上铺了一些木地板，让整个屋子变得更加“宜居、温暖和干燥”[5]。提奥多洛斯甚至提出要把外屋对着花园的窗户口开大，不过凡・高劝阻了父亲，或许是担心这项大工程会延误自己的入住时间。新画室就在大花园外（图44），凡・高已经迫不及待地想要搬入画室对着花园的美景作画了。

图44.《黄昏时纽南的牧师住所》（*Parsonage at Nuenen at Dusk*），1885年秋，布面油画，41厘米×55厘米，私人收藏（F183）

在圣诞节的前几天，凡·高前往纽南附近的乌特勒支看望他的画家朋友凡·拉帕德，随后去了趟海牙，取回自己落在那里的画作及财物，同时也去看了西恩。见过西恩后，凡·高在给提奥的信中写道："我们仍互有好感。"但他又说："我们达成了共识，认为各自安好是最好的选择。"[6]显然，凡·高与西恩都没有要重新开始的意思。

此时的西恩又"陷入了穷苦的境地"，凡·高"曾视如己出的可怜宝宝也跟以前大不一样了"，这让凡·高很是难过。但令他欣慰的是，西恩有在努力地挣钱养家，尽管赚的钱并不多："她把家里安顿得很好，找了份工作（洗衣工）养活自己和孩子，总算尽到

图45.《纽南会众离开归正教堂》（*Congregation Leaving the Church in Nuenen*），1884年1月，1885年秋有修改，布面油画，42厘米×32厘米，藏于阿姆斯特丹的凡·高博物馆（文森特·凡·高基金会）（F25）

了母亲的义务。”[7]凡·高在信中的用词十分考究，表明西恩并没有重操旧业（做妓女）。这是两人的最后一次见面。

凡·高在圣诞夜回到纽南。这个时间点的选择非常巧妙，令人不禁怀疑他是不是为了避开教堂的礼拜仪式才故意挑这个时间回家的——两年前他和父亲的矛盾就是因为礼拜才爆发。凡·高回家时，新画室的改造已经完成了，于是他立即兴奋地带着从海牙运回来的画作和工具搬了进去。与此同时，他也在信中和弟弟提奥正式达成了财务上的约定，从今往后他会把自己画作的所有权都转给提奥，以换取定期的经济资助。在新的一年，凡·高想要体会到拥有独立画室和稳定收入的感觉。

1884年1月，凡·高开始创作一幅以他父亲工作的教堂（就在父母家旁边）为背景的画（图45），这是他特意为母亲安娜准备的礼物。不久前，安娜在下火车时不慎摔断了大腿骨。这场意外让凡·高深受触动，他下定决心要变得更孝顺些，于是主动缓和与家里的矛盾。为了达到该目的，他送的礼物就必须有和解的意味。两年前，他曾拒绝参加父亲主持的圣诞礼拜；两年后，父亲的教堂却成了他在纽南首批画作的主题。

献给母亲的画见证了凡·高在油画技法上的进步。起初，凡·高在教堂前画了一个正在挖地的工人。不过，后来或许是因为母亲的建议，他第二年又修改了这幅画，将原本的工人遮去，画上了刚结束礼拜准备离开的人群，他们一边向外走一边交谈着。此外，凡·高还为树梢添加了些许树叶，将萧瑟的冬景改成了秋景。

凡·高父亲工作的教堂建于1824年。在此之前，纽南村有一座更古老的中世纪教堂，但由于老教堂距离村子的中心较远、交通不便，所以渐渐被村里人废弃。在凡·高来纽南的几十年前，老教

图46.《纽南旧塔楼》（*Old Tower of Nuenen*），奥古斯特·萨森，1880年，纸面水彩画，23厘米×17厘米，私人收藏

图47.《纽南老教堂的塔楼》（*Old Tower of Nuenen Church*），1884年2月，布面油画，36厘米×44厘米，藏于奥特洛的库勒-穆勒博物馆（F34）

堂的主体就已经被拆除得差不多了，只剩下一座塔楼。这座塔楼是深受当地人喜爱的标志性建筑，我们可以通过邻村的档案管理员兼画家奥古斯特·萨森1880年创作的水彩画（图46）了解塔楼的全貌。

这座塔楼也曾出现在凡·高的一幅风景画里（图47）。画中，塔楼和一排公墓一起伫立在皑皑白云之下，画面左侧还有一个农夫。[8]凡·高将这幅场景称为“麦田里的小教堂”，并从象征性的角度进行了解读：“几百年来，农民最终都安息在那片他们一生耕耘的土地上……生老病死，一切都不曾改变，将来也不会改变。他们就如同那块墓地里的花草，定期发芽，定期枯败。”[9]种种迹象表明，凡·高很可能是在得知塔楼即将被拆除的消息后，才急切地将塔楼

图48.《织布工》，1884年7月，布面油画，68厘米×93厘米，藏于慕尼黑的老绘画陈列馆（F24）

记录下来，定格在自己的画布上的，因为在该画完成的次年，这座塔楼就被拆除了。

除了纽南的建筑，辛勤劳作的织布工也为凡·高提供了丰富的创作素材。他对当地居民家中的织布机十分着迷，于是决定将其作为构图的主要元素。在纽南期间，凡·高一共完成了十幅有关织布工或织布机的画作，《织布工》（*Weaver*，图 48）便是其中之一。在这幅画中，农舍黑暗的内景与小窗外明亮的景象形成了鲜明的对比，窗外的农妇（大概是织布工的妻子）正弯着腰在田间劳作，远处则是熟悉的老教堂塔楼。

然而，和谐总是短暂的，1884 年春天，凡·高与父母的关系再度恶化。当年 5 月，他决定不再将外屋作为画室，转而在附近租了两间房。房子的主人是天主教堂司事乔纳斯·沙夫拉特及其妻子阿德丽亚娜。凡·高的这一做法无疑带有几分挑衅意味，当时村里一定流传着类似“新教牧师之子任性地在天主教徒家里租房当画室”的闲话。

没过多久，新租的两间画室就被凡·高搞得一团糟。他从来都不是一个爱干净的人，以至于朋友安东·科斯迈克斯后来把他的住处形容为“波希米亚人的房子”[10]。画室墙上挂着一排排画作，火炉边积着厚厚的灰，藤椅伤痕累累，橱柜里藏着 30 多个鸟窝及其他奇奇怪怪的小玩意，鸟窝里有几只鸟类标本，房间里还放着一台纺车。这也难怪凡·高总是被旁人当作怪人了。

总体而言，凡·高这段时间的生活还算安定。不过到了夏天，他又一次陷入了一场没有结果的爱恋。他喜欢上了比自己年长 12 岁的玛格丽特·贝格曼，并将自己的油画《纽南老教堂的塔楼》（参见第 93 页，图 47）送给了玛格丽特。玛格丽特是前牧师的女儿，就住在凡·高画室的隔壁，她在自家后院就能看到画中的塔楼。她接受了凡·高的示爱，两人的关系进展神速，凡·高甚至还向她求过婚。但双方都是易变的性格，因此两人的关系愁坏了各自的家里人，他们都认为凡·高和玛格丽特根本不合适。

9 月中旬的某天早上，两人在附近的田地里散步，玛格丽特突然瘫倒在地。凡·高后来回忆道：“她突然没有力气说话，嘴里含糊不清地吐出一些让人半懂不懂的词，全身抽搐，瘫倒在地。”[11] 凡·高很快发现玛格丽特的症状是服了士的宁所致，于是帮她催吐，并把她带回家，还叫来医生帮忙解毒。这次悲剧发生以后，玛格丽特被送去乌德勒支，她在那里休养了六个月，接受身体和心理的治疗。

凡·高一直坚持说他很爱玛格丽特，但旁人很难理解他口中的“爱”。在意外发生后，除了最初的震惊，凡·高显得异常平静，丝毫没被刚发生的事搅乱心绪。在给提奥的信里，他甚至冷静地评论说，一次失败的自杀是预防未来自杀的“最佳良药”[12]。在另一封信里，凡·高也没说玛格丽特什么好话，而是写道：“她就像一把克雷莫纳产的小提琴，不过却被蹩脚的修补匠弄坏了。”[13]奇怪的是，即便如此，当玛格丽特来年春天从乌德勒支回家后，凡·高依旧和她保持着友好的关系。

两人之间的暧昧关系显然加剧了凡·高和家人之间的矛盾。在玛格丽特自杀未遂的两周后，凡·高的父亲提奥多洛斯写信给次子提奥，表达了他对凡·高的焦虑：“他的人生观和生活方式与我们大不相同，我们真的能和他长期共处在一个屋檐下吗？”[14]

次年，一场更大的灾难降临到了凡·高家。1885年3月26日，63岁的父亲提奥多洛斯突然过世。妹妹维尔在给朋友的信中透露了具体细节：“那天早上爸爸出门时还是健健康康的。傍晚时分，他回到家，刚进门就倒下了，再也没有醒来。太可怕了，我永远都忘不了那个晚上。”[15]次日清晨，凡·高给在巴黎的提奥发了电报：“猝死，速回，凡·高。”[16]仍处于惊慌中的他既没有说明是谁猝死了，也没有说明是谁发的电报（译者注：“凡·高”是家族姓氏，此处并未特指文森特·凡·高）。

在父亲的葬礼上，凡·高感慨道：“死亡是无情的，但生活更无情。”[17]这种不分场合的论调无疑会让家人感到更加痛苦。四天后，

图49.凡·高在天主教司事家中租过的卧室，照片中的女性为阿德丽亚娜·沙夫拉特，约摄于1924年

提奥多洛斯入土为安，被葬在了老教堂的墓地里，与当地世代耕作的农民做伴。

以往，在所有的家人中，凡·高同父亲的关系最紧张，但奇怪的是，随着父亲逝世，凡·高在家里的处境却变得越来越差。妹妹安娜在听闻父亲的死讯后赶回家帮忙，很快她就开始了同哥哥凡·高无休止的争吵，争吵的原因往往是安娜觉得凡·高根本没在帮忙处理父亲的后事。这让凡·高感到颇为困扰，于是他决定从原来只在沙夫拉特家作画，变为晚上也在他家休息。我们可以通过一张20世纪20年代的照片一窥凡·高当时的住处，照片中女主人阿德丽亚娜站着的阁楼就是凡·高曾经的卧室。（图49）

图50.《吃土豆的人》，1885年5月，布面油画，82厘米×114厘米，藏于阿姆斯特丹的凡·高博物馆（文森特·凡·高基金会）（F82）

正是在沙夫拉特家里，凡·高完成了自己的第一幅杰作《吃土豆的人》（*The Potato Eaters*，图 50）。这并不是凡·高第一次刻画农民的形象，在此之前，他已经画过约 50 幅农民肖像，或者用他的话来说叫“头像”[18]。在画《吃土豆的人》前，凡·高先是仔细观察了德·格鲁特-凡·鲁伊一家人围坐在饭桌边的场景，画了一幅尺寸稍小的速写，然后才回到画室根据速写进一步创作，并于 1885 年 5 月初完成了最终的成品。

尽管画中人物的脸型都有些夸张，让人不禁联想到讽刺漫画，但这并不妨碍《吃土豆的人》成为一幅直击人心的杰作。凡·高本人对这幅画也很满意，他评论道：“画农民就不应该因循守旧，传统的固定模式只会显得平淡无奇。”他还声称这类画“就应该带

图51.《农舍外的女人与山羊》，1885年5－7月，布面油画，60厘米×85厘米，藏于法兰克福的施塔德尔艺术馆（F90）

有培根、香烟和冒着热气的土豆的气味——无益于身体，但有利于心灵”[19]。

画面左侧的两个人正在吃土豆，这也是该画名字的由来；右侧的两个人则在喝菊苣根茶，当地人平时并不会在吃饭时喝茶，但考虑到画作的构图，凡·高还是将这一幕放到了画里。画面左上角的钟表显示时间是晚上七点，一旁的耶稣受难图则暗示这家人信仰天主教。

凡·高写道：“这些农民在微弱的灯光下吃着土豆，而不久前他们用拿土豆的双手来耕耘这片土地……这才是所谓的‘体力劳动’，因为他们是实打实地自食其力。”[20]画中的农民看起来“就像是裹着泥巴的土豆的颜色，当然是没剥皮的那种”[21]。《吃土豆的人》

图52.《鸟巢》（Bird Nest），1885年10月4日，纸面钢笔画，10厘米×17厘米（画作尺寸），藏于凡·高博物馆档案室（书信533）

是凡·高在荷兰画过的最为耗神也最能体现他的野心的作品。远在巴黎的提奥收到这幅画后，将它端端正正地挂在了自家餐厅壁炉的上方。

然而，就在完成《吃土豆的人》的几个月后，凡·高再度陷入了一桩丑闻。画面左侧戴着白帽子的女子戈尔德娜·德·赫罗特未婚先孕，而纽南天主教牧师指控凡·高是孩子的父亲。凡·高坚决否认这一流言，并告诉镇长，牧师的一众信徒才应该为此事负责，后来他又指责戈尔德娜的一位表兄弟是罪魁祸首。尽管这场风波最后归于平静，但自此以后更没有人愿意给凡·高当模特了。戈尔德娜的孩子科内利斯在 10 月出生。

凡·高对纽南农民生活的入迷还体现在对他们的茅草屋的喜爱上，他画了许多朴素的农舍。起初，凡·高笔下的农舍都是灰蒙蒙、暗沉沉的，但慢慢地，画面的色彩开始变亮，未来的色彩大师初露锋芒。以油画《农舍外的女人与山羊》（*Cottage with Noman and a Goat*，图 51）为例，在蓝色天空和白色云朵的映衬下，熟悉的暗色农舍瞬间就变得鲜活了起来。此外，画中农妇头上的红色软帽，以及白色的山羊和小鸡，也起到了提亮画面的效果。

待在纽南的最后一段时间里，凡·高在近距离观察农舍的过程中重新燃起了对鸟巢的兴趣。对他而言，鸟巢有着深刻的象征意味，这些覆盖着苔藓、由细树枝和草叶搭成的巢穴让他不禁联想到农舍的茅草屋顶，也就是他口中的“人巢”[22]。凡·高不仅会自己捡鸟巢，还会付钱让当地的年轻小伙帮忙收集鸟巢，然后对着这些鸟巢来画静物画（图 52）。不过，他在给提奥的信中解释，他只收集那些“幼鸟已经飞走的鸟窝，这样才不会有太多的心理负担”[23]。

1885 年秋，仍住在沙夫拉特家的凡·高创作了《纽南的牧师住所》（参见第 86 页，图 41），描绘了自己家门前的景象，门口站着两名身着黑衣的女性，很可能是凡·高的母亲安娜和妹妹维尔，她们正在悼念提奥多洛斯。后来，凡·高把这幅十分私人的画寄给提奥，作为家的记忆。

同年 11 月，凡·高创作了《秋景》（*Autumn Landscape*，图 53），这是他在纽南画的最后几幅画之一。画中描绘了牧师住宅花园尽头的四棵树：三棵是橡树，另外一棵是修剪过树梢的桦树。此外，画面的远处还有一个黑衣女子，她头戴白帽，身子侧向右边。这是凡·高的常用表现手法，他经常会通过添加人物来为画面注入生机和活力。

图53.《秋景》，1885年11月，布面油画，69厘米×88厘米，藏于奥特洛的库勒–穆勒博物馆（F44）

一天晚上，凡·高前往附近的埃因霍恩拜访朋友科斯迈克斯，并在他家富丽堂皇的客厅里展示《秋景》这幅画。后来，凡·高在信里告诉提奥："此前，我从未有过如此坚定的信念，相信自己会成功。”他还激动地补充道：“整幅画的色彩柔和，带有一种淡淡的忧伤。它一挂在那里，观众就能感受到它传递出的情绪。我对此真是太开心了。”[24]

尽管科斯迈克斯本准备掏钱买下这幅画，但凡·高太过高兴，直接把画送给了他。科斯迈克斯称“这幅画棒极了”[25]，并希望凡·高能在画上签名留念。凡·高觉得没有必要签名，因为他认为即便自己去世了，他的作品也能轻易地被人认出来。[26]

《秋景》充分证明了凡·高这两年在家取得的巨大进步。最重要的是，他发现了驾驭色彩的窍门。凡·高告诉提奥：“我的用色变得温暖起来，早期画里的阴郁早已不复存在。”[27]纽南的乡村风景及农民生活为画家提供了无穷的创作素材，也为他的进步提供了动力。撇开无休止的家庭矛盾不谈，凡·高成功地在纽南开拓了自己的艺术之路。

尽管如此，凡·高并没有继续在纽南停留，四处奔波似乎成了他的宿命。待久了之后，凡·高渐渐觉得乡村生活有些乏味，更重要的是，他发现自己很难和家人在一个村镇和平共处。因此他决定再次启程前往别处。1885 年 11 月 24 日，凡·高告别了纽南，告别了家人，也告别了他的农民朋友，动身前往比利时城市安特卫普去寻找新的机遇。他认为自己在安特卫普能更容易找到靠谱的模特，并下定决心在那里好好提高自己的画技。

自此之后，凡·高再也没有回过布拉班特省，或者说，再也没有回过祖国荷兰。虽然后来他和提奥一起生活了两年，也在巴黎匆匆见过维尔，但他再也没见过母亲，还有弟弟科尔、妹妹安娜和丽斯。不过，凡·高可能自己也没有想到，他的绘画水平就此有了突飞猛进的提高。

《房屋后面》（*Houses Seen from the Back*、参见第108页，图54）局部细节图

第九章：城市生活

直到现在我都很开心自己选择来安特卫普，我甚至无法告诉你我有多开心……
能再次近距离观察一座城市的感觉真好，和我爱着的农民、爱着的乡村一样好。[1]

地点：安特卫普
时间：1885 年 11 月 ~ 1886 年 2 月

安特卫普距离纽南不过百来千米，但两者却截然不同。凡·高一进城就写信给提奥，告诉弟弟他围着喧闹的港口来了一次雨中漫步，并感慨道："这种（城乡）反差很奇怪，尤其是当人从满是沙土和荒野的宁静乡村里脱身，走出长久以来已经习惯的平静氛围时，真的很不习惯、很不解。"[2]

安特卫普是比利时第二大城市，也是当时世界上的几大港口城市之一，因此城市里有很多水手，他们白天辛勤工作，晚上尽情狂欢。该地的历史中心市集广场和宏伟的大教堂区域，向人们诉说着这座城市光辉的过往。安特卫普有着丰富的文化遗产，其中就包括 17 世纪著名画家彼得·保罗·鲁本斯和安东尼·凡·戴克。对年轻画家而言，安特卫普无疑是激发想象力的理想之城。

1885 年 11 月 24 日，凡·高抵达安特卫普，并在车站及城市中心之间找到了新的住处。住处位于"Rue des Images"，这个名字肯定逗乐了凡·高，因为它的意思是"图片街"。房子的主人是油漆工威廉·布兰德尔及其妻子安娜，他们在一楼开了一家油漆店，

PARFUMS IN TIME

REFERENDUM

第106～107页跨页图
安特卫普的市集广场与大教堂

上图
图54.《房屋后面》，约1885年12月，布面油画，44厘米×34厘米，藏于阿姆斯特丹的凡·高博物馆（文森特·凡·高基金会）（F260）

店里可能还会卖些绘画工具。

凡·高租住在房子的二楼，一上楼先是一间小画室，然后是一间没有窗户的卧室。凡·高心里很明白，大城市与乡村不同，他不可能再拥有在纽南时那么大的空间了。与此同时，他又天真地期望着自己能卖出画，贴补家用。早在离家前，他就权衡过两地的利弊，选择待在纽南还是去安特卫普就像是选择“要像样的画室而没工作，还是要工作而舍弃画室条件”[3]。

安顿下来后，凡·高觉得简朴的画室其实“没那么不堪，主要是因为我在墙上钉了一组日本画”[4]。这些画应该是他抵达安特卫普后买下的，毕竟安特卫普是与日本有商贸往来的一大主要港口城市。这是凡·高第一次流露出对日本艺术的兴趣，他十分欣赏日本画的题材、浓烈的色彩及突兀的轮廓，这些元素不久后也体现在了他的作品中。

当冬天到来时，凡·高已经至少画了两幅画，都采用了从房子后楼梯上往外望的视角。其中一幅已经遗失，另一幅还存留着，名为《房屋后面》（图 54），大约作于腊月的一场雪后。画作描绘了凡·高借住的街区，画面底部的平台是房子一楼向外延伸的部分。街区两侧逐渐靠近的院墙及房屋构成了整幅画的构图，别有一番趣味。右侧的窗户透出火光，烟囱逸出缕缕烟雾，为原本沉寂的冬景注入了生机和活力。凡·高在给提奥的信中写道：“雪中的城市真美。”[5]

一天，凡·高走到市集广场，描摹下广场上的景观，并准备以这幅速写（图 55）为原型创作一幅油画，不过最终并未完成。这幅速写是用粉笔和水彩在速写本上草草完成的，展现了市集广场及其对面的一排建筑。画中最高的建筑是大教堂的塔楼，它也是当时低地国家（就指荷兰、比利时和卢森堡三国）里最高的建筑（图

下图
图55.《市集广场》（*Grote Markt*），1885年12月，蓝纸粉笔（黑、红、蓝三色）水彩（白色）画，23厘米×30厘米，藏于阿姆斯特丹的凡·高博物馆（文森特·凡·高基金会）（F1352）

左图
图56.安特卫普的市集广场，约1920年，明信片

对页图
图57.安特卫普的皇家美术学院入口，约1920年，明信片

56）。市集广场的建筑风貌基本都保留至今，没有太大的变化。

速写前景雨水洼（也有可能是积雪融化后留下的水坑）里的倒影是整幅画的一大亮点。此外，凡·高还在画里添上了几抹色彩，如画面右侧的红衣人及其在潮湿地面上的倒影。按理说，市集广场是这座繁忙城市的绝对中心，但这幅画里的行人却出奇地少。

新年伊始，为提高画技，凡·高进入皇家美术学院（图 57）学习，上的是传统石膏像及模特写生课。在上课期间，他结识了同学贺拉斯·利文斯，两人很快便成了好朋友。利文斯是英国人，当时年仅 23 岁。过了几个月，在凡·高离开安特卫普后，他还写道自己“几乎每天”都会想起利文斯。[6]

图58.《凡·高肖像》（*Portrait of Van Gogh*），贺拉斯·利文斯，1893年，印刷图

利文斯曾为凡·高画了一幅水彩肖像。原画早在20世纪初就遗失了，不过好在该画在1893年以黑白插图的形式出版过（图58）。[7]除了一张凡·高19岁时的照片（参见第19页，图7），这幅画是现存凡·高最早期的肖像。在这幅侧面像中，凡·高叼着他的“知己”——烟斗，神情相当严肃，看起来要比他的实际年龄32岁苍老不少。

凡·高很快就结束了自己在学院的学习，结束的原因出人意料的简单。刚过一个月，凡·高就对学院的教学方式感到极为不满，他认为学院只重技巧却忽视了个人的表现力。在安特卫普的三个月里，凡·高的收获并不多，留存下来的画作只有七幅。不仅如此，他起初想要卖画谋生的愿望也落空了，经济状况丝毫没有得到改善。但是，对凡·高而言，在安特卫普的日子绝对是非常重要的过渡期，衔接了他从荷兰到法国的时光。正是在安特卫普，他逐渐开始使用更明亮的色彩及更自由的笔触。面对在安特卫普的艰苦生活，凡·高再次选择了看似最简单的解决办法——重新启程。

《提奥公寓外景》（*View from Theo's Apartment*，参见第128页，图66）局部细节图

第十章：狂野蒙马特

巴黎就是巴黎，世上只有一个巴黎……
法国的空气使人头脑清醒，颇有益处。[1]

地点：巴黎
时间：1886 年 2 月 ~ 1888 年 2 月

在没有事先告知提奥的情况下，凡·高登上了开往巴黎的火车。在安特卫普期间，凡·高经常写信给提奥，说要过去和他同住，但从来没有安排一个具体时间。而到了 1886 年的 2 月底，凡·高直接来到巴黎，并托人捎便条给提奥，约他正午时分在卢浮宫的方形沙龙见面。凡·高可能是怕弟弟会要他晚点再来巴黎，因此来了个先斩后奏。便条是直接从小速写本上撕下来的，后来背面被提奥拿来列洗衣清单，因而得以留存下来。

提奥应约来到挂满欧洲古典名作的方形沙龙，并将凡·高带回了自己的公寓。公寓位于拉瓦尔街，就在蒙马特高地的下方。提奥的房间在二楼，可以俯瞰楼下的庭院。自 1879 年被古皮尔公司从布鲁塞尔分部调到巴黎总部后，提奥便一直住在巴黎，两年后，他还被提拔为蒙马特大道画廊的主管。

提奥从 1882 年起就住在拉瓦尔街，这条大街总是人声鼎沸，以奢靡的夜生活和充满创意的居民闻名。黑猫酒馆与提奥的公寓仅隔着几户，这是一家十分前卫的卡巴莱艺术酒馆，酒馆所在的大楼曾为比利时画家阿尔弗雷德·史蒂文斯所有。街上的另一栋楼里住着当时印象派的领军人物奥古斯都·雷诺阿。提奥的公寓处在那时

蒙马特

欧洲最活跃的艺术家社区中，毗邻克里希大道，地理位置简直不能更好了。

巴黎是当时欧洲的第二大城市，仅次于伦敦。凡·高差不多十年前在巴黎住过一阵，因此相当了解这座城市。彼时，他还在古皮尔公司上班，先是于 1874 年秋在巴黎待了两个月，后又于 1875 年重返巴黎待了七个月，同格拉德韦尔一起住在蒙马特地区。

凡·高选择在方形沙龙与提奥见面，这一选择既凸显了他要投身于绘画事业的郑重承诺，又体现了他想充分利用巴黎所有艺术资源的愿望。此前在巴黎时，凡·高就是卢浮宫的常客，尤其喜欢研究卢浮宫里伦勃朗及其他荷兰黄金时代画家的作品。此外，他还经常造访卢森堡博物馆，观赏馆里的 19 世纪艺术品。事实上，每年巴黎都会举办无数的展览。因此除了去博物馆，凡·高还期待着去一年一度的沙龙展，以及由先锋派独立艺术家举办的各种展览。

凡·高搬到巴黎不仅是为了住进提奥（图 59）的公寓，也是为了寻求进一步的训练。抵达巴黎几天后，他便进入了克里希大道上的一家私人画室学习，画室由小有名气的画家费尔南德·柯罗蒙创立。柯罗蒙自身的绘画风格偏于传统，但他的教学风格十分自由，因此吸引了年轻一代画家前来学习。学生既可以选择对着模特写生，也可以选择对着传统的石膏模型作画。在纽南和安特卫普时，凡·高一直面临着找不到模特的困境，因此进入画室学习后他极度渴望有机会对着模特作画，柯罗蒙满足了他的要求。

凡·高的年纪比多数同学都要大十几岁，家庭背景也与其他人不同。不过，他还是交到了一些极有天赋的朋友，其中就包括时年 21 岁的亨利·德·图卢兹-劳特累克。图卢兹-劳特累克当时流连于蒙马特的咖啡馆和妓院，这些地方后来都成了他画作里的主题。

上图
图59.提奥的照片，摄于1889年，藏于凡·高博物馆档案室（b4786b）

下图
图60.《凡·高像》（*Portrait of Van Gogh*），亨利·德·图卢兹-劳特累克，1887年，纸板色粉画，57厘米×46厘米，藏于阿姆斯特丹的凡·高博物馆（文森特·凡·高基金会）

凡·高和图卢兹–劳特累克的住处之间只有几分钟路程，因此两人夜里经常一起喝酒。

一天晚上，图卢兹–劳特累克在酒吧用色粉笔为凡·高画了一幅侧面像（图 60）。画中的荷兰人身子前倾，手里紧紧攥着一杯苦艾酒，像是在和人长谈。图卢兹–劳特累克用不同方向的笔触描绘出了凡·高前倾的体态和坚定的神情，也捕捉到了他不甘现状、奋力拼搏的性格特征。

柯罗蒙开办的画室吸引了众多不同国家的学生，其中与凡·高交好的有澳大利亚人约翰·拉塞尔和苏格兰人阿奇博尔德·哈特里克。拉塞尔也给凡·高画了一幅肖像，不过画风更加传统（图 61）。画中的凡·高似乎正准备开始作画，双眼紧盯着模特。据两人的共同好友哈特里克所言，拉塞尔的这幅画“比任何凡·高的自画像都更像凡·高本人”[2]。这番评论很有价值，因为我们现在大多只能通过凡·高那些夸张的自画像来了解他的相貌。

哈特里克后来回忆道：“凡·高带我去过他家（其实我觉得那应该是他弟弟的房子）。他看起来过得相当舒服，还和我分享了一些高品质的日本画。”哈特里克还补充道：“当时无论是我，还是任何我记得的人，都没有想到几年后凡·高会成为世人口中的天才。我们只觉得他有点神经兮兮的，但又人畜无害，整个人非常有趣，有时还有些搞笑。”[3]

在凡·高的众多新朋友中，最重要的当属那时才 18 岁的埃米尔·伯纳德。埃米尔极富创造力，年纪虽小，却已经能画出非写实风格的作品了。其作品色彩浓烈，形式大胆，或多或少受到了日本艺术的影响。凡·高有时会与埃米尔相约一同出门写生，作画地点通常是巴黎北郊的阿涅尔小城，那里是伯纳德的父母家。在一张拍

图61.《凡·高像》（*Portrait of Van Gogh*），约翰·拉塞尔，1886年，布面油画，60厘米×46厘米，藏于阿姆斯特丹的凡·高博物馆（文森特·凡·高基金会）

图62.埃米尔·伯纳德与凡·高（背对镜头）在阿涅尔谈话，摄于1887年，私人收藏

于塞纳河岸的照片（图62）里，两人正促膝长谈，凡·高背对着镜头，只露出衣服和帽子，这很可能是他自己要求的，因为他不喜欢拍照。

两人相识几年后，伯纳德描绘了自己眼中的凡·高，为世人勾勒出了一个形象丰满的荷兰人："一头红发（山羊胡子、胡须粗糙、额发剃光），眼神锐利如鹰，嘴巴尖尖的；身高平平，身材壮实却不过分，动作敏捷，但走路不稳。这就是凡·高，一个总是叼着烟斗，带着画布、版画或速写本的人。"[4]

凡·高原本计划在柯罗蒙开办的画室学习三年[5]，不过最后他只待了三个月，6月初就离开了。对此，他向好友利文斯解释，说画室的课程"不像我想象中那么有用"[6]。还在安特卫普时，凡·高就发现自己难以接受系统的绘画培训，他固执己见的性格只会让一

图63.蒙马特的煎饼磨坊，约1900年，明信片

切变得更糟。如今，这一幕在巴黎重演，凡·高觉得画室的课程沉闷得令人窒息，而柯罗蒙一定也觉得他是个刺头。

在凡·高离开画室的同时，他和提奥正在准备搬家，提奥觉得原先在拉瓦尔街的房子太小了，所以想要换一套更加宽敞的房子。新的住处位于蒙马特陡坡上的勒比克街，离拉瓦尔街只有十分钟步程。勒比克街的尽头地势稍低，有一个留存至今的食品市场，还有一座煎饼磨坊（图 63）。煎饼磨坊得名于店里卖的方格煎饼，磨坊附近是成片的居民区。煎饼磨坊是蒙马特地区最后的三座风车磨坊之一，周围是一大块娱乐区，咖啡馆、餐厅和舞厅一应俱全，因此总是热闹非凡。

提奥的新住处位于四楼，房间号是 54。[7] 这栋楼里还住着很多不同职业的人，如风景画家查尔斯·德沙耶斯、伸缩式太平梯的发明者保罗·杜哈梅尔，还有艺术品商人阿方斯·波提尔，他曾经代理过雷诺阿、卡米耶·毕沙罗和保罗·塞尚的作品。[8]

新住处的前半部分是客厅和提奥的卧室，后面是餐厅，也被当作凡·高的画室，餐厅旁边是厨房和凡·高的小卧室。后来，提奥的遗孀乔回忆称，整个客厅"看起来十分舒适，有一个漂亮的旧橱柜、一张沙发和一个大炉子"[9]。那个橱柜是提奥的，约产于17世纪，如今被保存在凡·高博物馆中。

有关该住处的内景，现存的资料并不多。我们可以透过凡·高的一幅油画（图64）一窥屋内客厅的一角。画作的主角是亚历山大·里德，一个来自苏格兰的年轻人，他正坐在客厅的沙发上。里德当时与提奥在古皮尔公司共事，因而他很可能在1887年初与凡·高两兄弟同住过一小段时间。在这幅画里，客厅的陈设只是被草草带过，不过还是能看到乔提及的沙发，沙发上有两块绿色的物体，应该是对开的印刷品。

此外，客厅的墙上还挂着三幅画。左右两侧挂的是弗兰克·博格斯的风景画，这位画家是法裔美国人，也是凡·高弟弟的朋友。挂在中间的画则出自凡·高之手，主题很可能是纽南的农民或安特卫普的妓女。凡·高把这幅画送给了里德，不过，几年后，里德的父亲把画卖掉了，据说只卖了5英镑。

其实，不仅是客厅，新住处的墙上到处都挂满了画。据伯纳德回忆，墙上的作品"都很不错，有浪漫派的画、日本画、中国画，还有米勒的画"[10]。此时的提奥已经收集了上百幅凡·高的作品，但他只会把其中最好的和最新的挂在墙上，其他的就随便堆在房间里，多数时候会被放在床底。

图64.《亚历山大·里德像》（*Portrait of Alexander Reid*），1887年，布面油画，42厘米×34厘米，藏于美国俄克拉何马州诺曼市的小弗雷德·琼斯艺术博物馆（F270）

图65.《凡·高画室外景》(*View from Vincent's Studio*),1886年6月,纸板油画,30厘米×41厘米,藏于阿姆斯特丹的凡·高博物馆(文森特·凡·高基金会)(F231)

提奥的新住处位于顶楼,而整栋楼又位于蒙马特陡坡的中间位置,因此住处的视野奇佳,绝对是个欣赏风景的好地方。提奥在给朋友的一封信中写道:“公寓的最大优点就是可以从窗户俯瞰整个城市的宏伟景色。”他还补充道:“不断变换的天空总能营造出千变万化的效果,只要对着这片风景我就能画出无数的画来。”[11] 凡·高完全同意弟弟的观点,他在舒适的新家里完成了好几幅作品。

其中的第一幅作品便是《凡·高画室外景》(图65),描绘了凡·高画室外东北方向的景色。画作是在硬纸板上完成的,纸板背面印有一个地址,说明了这块板是在勒比克街17号的皮涅尔-杜邦艺术用品店购得的。对凡·高而言,只需步行几分钟就能买到画具实在是太棒了，要知道这在德伦特简直是不敢想象的。在题材上，这幅在巴黎完成的早期画作和几个月前他在安特卫普完成的画作（参见第 108 页，图 54）十分相似，似是在缅怀当时的情景。

次年，凡·高又在《提奥公寓外景》（图 66）中描绘了公寓客厅外的景色。在这幅画中，整座城市的风景被三座大楼框住：右边的高楼在勒比克街对面，左边的两座则在邻街边上。画面中心是巴黎城的全景，一直绵延到遥远的默东山丘。远处依稀可见的高耸建筑是当时刚建成不久的特罗卡德罗宫双子塔（于 1935 年被拆除，该地点现为夏洛宫）。

《提奥公寓外景》清晰地展现了凡·高在巴黎期间获得的巨大进步。在创作这幅画时，凡·高显然受到了其他前卫画家的影响，他成功地用未经混合的色点构建出了完整的构图，显露出了新印象派风格。此外，画中突然被截断的建筑则体现了日本艺术对凡·高的深远影响。

凡·高在客厅里作画时，很可能把窗户及隔条当作取景框，用来确定构图、构建透视。他将地平线放在画面中段略微偏上的位置，并将特罗卡德罗宫放在地平线的中心位置，使其成为整幅画的焦点。

除了在公寓内透过窗户看到的，公寓外的蒙马特也为凡·高提供了无穷的创作素材，巴黎城里这块日新月异的土地正准备跃上他的画板。仅仅几十年前，这里还是半乡村的多山地带，到处都是风车磨坊和葡萄藤；而到了 1860 年，蒙马特被划入城区，开启了城市化进程，但这片区域仍弥漫着无拘无束的自由气氛，并因此成了巴黎的娱乐中心。

蒙马特高地风景如画，吸引了众多的艺术家纷至沓来，当地仅存的三座风车磨坊更是出现在了诸多画家的笔下。凡·高也不例外，

图66.《提奥公寓外景》，1887年3～4月，布面油画，46厘米×38厘米，藏于阿姆斯特丹的凡·高博物馆（文森特·凡·高基金会）（F341）

他在蒙马特高地共创作了20多幅画，希望这一题材能吸引到潜在的买家。搬到勒比克街几周后，他便创作出了油画《蒙马特蓝鳍磨坊》（*Moulin de Blute-fin, Montmartre*，图67），描绘了蒙马特高地西北斜坡上的乡村风光。可惜的是，斜坡上的花园和棚屋在大约十年后陆续被拆除，被一栋栋楼房取代，因此我们如今无法亲眼看到这番美景。画面左侧的房屋旁长着两株高高的向日葵，此时谁也没想到向日葵会成为凡·高日后作品中当之无愧的主角，不过在这幅画中它还只是配角，画面中心的蓝鳍风车磨坊（至今仍在）才是主角。磨坊的右侧是一处木制观景平台，供巴黎人俯瞰整座城市的美景。其实，这幅画中还藏着第二座风车磨坊，那便是画面左侧远处的胡椒磨坊。

《蒙马特蓝鳍磨坊》凸显了印象派画家对凡·高产生的影响。离开荷兰后，凡·高画中的色彩越发明亮，笔触越发松散，而且越来越重视景物的光影效果和动感。1886年秋，凡·高用略显生硬的英语对利文斯说道："在安特卫普时，我甚至连印象派是什么都不知道，而现在，我结识了不少印象派画家，虽然没有加入他们，但我十分欣赏这些印象派画家的作品，无论是德加的裸体像，还是莫奈的风景画。"[12]

凡·高主要是通过提奥来认识这群前卫画家的，当然他也参观了1886年5月在巴黎举办的第八届（也是最后一届）印象派画展。尽管本次画展没有展示莫奈的作品（莫奈由于对一些年轻参展者有意见，拒绝提交作品），但凡·高还是收获颇丰，他不仅见到了卡米耶·毕沙罗和埃德加·德加的作品，还看到了一些更加激进的作品，如新印象派的乔治·修拉和保罗·西涅克的画作。后来与凡·高颇有渊源的保罗·高更也参加了本次展览，两人还私下见了面。

参观结束后，凡·高回顾了自己对印象派的看法，他告诉妹妹

图67.《蒙马特蓝鳍磨坊》，1886年夏，布面油画，45厘米×38厘米，藏于格拉斯哥博物馆（F274）

图68.《鞋子》（*Shoes*），1886年9～12月，布面油画，38厘米×45厘米，藏于阿姆斯特丹的凡·高博物馆（文森特·凡·高基金会）（F255）

维尔，人们在初看印象派作品时会觉得“这些画让人非常非常失望，笔触粗糙、画技拙劣，无论是线条还是色彩都一塌糊涂，没有任何优点”[13]。不过，这只是凡·高初到巴黎时的感受，他很快就变成了印象派的忠实粉丝，并开始在自己的作品中借鉴该画派的构思及技巧。

当时，印象派画家及其追随者的处境并不好，他们中的大多数人仍未获得法国主流艺术界的认可，也很难卖出自己的作品。对此，凡·高十分同情，他在信中写道，“只有少部分画家能生活富足”，大部分画家仍“混迹于咖啡馆，住着廉价旅店，过着朝趁暮食的贫苦日子”[14]。

充满艺术气息的巴黎为凡·高提供了无穷的创作灵感。这一时期，在凡·高的众多作品中，最具创意的当属五幅关于鞋子的作品——鞋子可不是静物画常见的题材。这五幅画带有某种象征含义，很可能反映了凡·高对自身颠沛流离的生活的思考。画中展现了画家本人的鞋袜穿着，私人意味十足，可以被视作一种别样的自画像。

其中的一个版本刻画了一双破旧的低帮靴，鞋带扭曲成了奇怪的形状（图68）。后来，同在柯罗蒙开办的画室学习的弗朗索瓦·高济回忆称，凡·高当时在跳蚤市场买了一双“厚重耐磨的旧靴子”，他好生打磨了一番鞋子外皮；一天，凡·高穿着这双鞋冒雨去踩点巴黎城外的城防建筑，回来后，他的“靴子被泥浆包裹，看起来别有一番新韵味，于是凡·高忠实地把它画了下来”[15]。

1886年，凡·高主要在蒙马特地区写生。然而，次年他就开始跑去蒙马特以北一小时路程的克里希和阿涅尔作画。一方面是因为他的朋友伯纳德住在那儿，另一方面，也是更主要的是，比起描绘城市风光，他还是更喜欢描绘公园和乡村风景。

卡米耶·毕沙罗和儿子吕西安曾在勒比克街偶遇凡·高，当时凡·高穿着蓝色工作服，刚从阿涅尔忙活了一天回来。吕西安回忆道：“他坚持要向我父亲展示成果，甚至直接把画抵在街边的墙上，这种举动无疑会吓到路上的行人。”[16]

频繁的外出写生使凡·高进步神速，这一点可以从他9个月内完成的两幅自画像中得窥一二。第一幅《戴着乌毡帽的自画像》（*Self-Portrait with Black Felt Hat*，图69）大致完成于1887年1月初。画中，凡·高将自己打造为一位受人尊敬的绅士，打着领带，衣冠

图69.《戴着乌毡帽的自画像》，1886年12月~1887年1月，布面油画，42厘米×33厘米，藏于阿姆斯特丹的凡·高博物馆（文森特·凡·高基金会）（F208a）

楚楚。这幅自画像的风格趋于传统，色调柔和，与拉塞尔的《凡·高像》（参见第121页，图61）无甚区别。

相比之下，完成于1887年秋的第二幅同名肖像（图70）则色彩饱满，充满活力。整幅画的背景以蓝紫色为主，进一步凸显了凡·高姜黄色的胡须，增强了画面的冲击力；此外，凡·高大胆地在上眼睑处使用了橙黄色，在瞳孔处使用了绿色，使得人物的目光显得格外敏锐有力。除了色彩上的改变，凡·高这次在表现手法上也做出了巨大的突破。他一改先前传统温和的笔触，转而借鉴了新印象派的风格，采用急促的小笔触，以放射状的笔触刻画自己的面部，再辅以环绕头部的背景线条，营造出类似光环的效果。

尽管在艺术上突飞猛进，但凡·高与弟弟提奥的关系似乎出现了裂痕。这两个血脉相连的兄弟已经在一起居住了近两年，却鲜有融洽相处的时候，比起同住在一个屋檐下，两人或许更适合通过书信来往。虽然出生于同一个家庭，但兄弟俩性格迥异，各自对成功的理解也截然不同，因此时常会产生冲突。

此外，情感上的挫折也让兄弟俩的关系变得越发紧张。1886年夏天，提奥和一个笔名为“S”的女人有过一段不靠谱的短暂恋情。差不多一年后，凡·高也陷入爱河，爱上了阿戈斯蒂娜·塞加托里，后者在克里希大道上经营着一家名为“铃鼓”的卡巴莱餐厅。不过事实证明两人并不合适，因此这段恋情没过多久便宣告结束。

提奥的生活总是循规蹈矩，而凡·高恰恰相反，他的穿着打扮和行为举止经常会令提奥感到难堪。不仅如此，凡·高在经济上完全依赖提奥，因此两人之间总是会不可避免地产生矛盾。似乎只要两人同在巴黎，就会争吵不断，有时凡·高或提奥甚至会短暂地逃离勒比克街，以求得片刻安宁。

图70.《戴着乌毡帽的自画像》，1887年9～10月，棉布油画，45厘米×37厘米，藏于阿姆斯特丹的凡·高博物馆（文森特·凡·高基金会）（F344）

1886 年至 1887 年的这个冬天，兄弟俩的关系跌至冰点。提奥的朋友安德里斯·邦格称："提奥决定要离开凡·高，绝对不能再住在一起了。"[17] 不过，这只是一人之词，并没有其他证据表明兄弟俩真的分家了。十周后，提奥向妹妹维尔坦言他再也受不了和凡·高住在一起了，并写道："我曾经非常喜欢凡·高，那时候他是我最好的朋友，但现在不是了……他不讲卫生，邋里邋遢，没有人会想要住在如此脏乱的房子里。我现在只盼着他赶紧搬出去，像他很久以前自己说过的那样。"[18] 幸好，一个月后形势有所好转，两兄弟又和好了。

不过，凡·高还是决定离开巴黎，前往法国南部的普罗旺斯，一方面是考虑到自己和弟弟提奥的关系，另一方面是因为即便住宿免费，巴黎的生活成本还是太高了。凡·高曾告诫好友利文斯："巴黎的开销比安特卫普要高得多。"[19] 而且他原本认为在大城市卖画会很方便，但事实并非如此，哪怕是在提奥的帮助下，他还是没能卖出几幅画。此外，蒙马特地区的诱惑也很多，凡·高后来承认："我离开巴黎时感到极度的失望，身体很不舒服，因为过度饮酒几乎成了个酒鬼。"[20]

凡·高总是无法画出自己心中所想的画，一部分是由于现实情况的阻挠，另一部分则归咎于他自身糟糕的性格。对此，提奥曾评论道："他在巴黎见过太多他想要画下来的东西了，但每次到最后他都没有画成。模特不愿意为他摆造型，别人也不许他坐在街头画画，这些都是他那反复无常的性格导致的。他因此感到非常沮丧，整个人变得特别冷淡，别人根本亲近不了。到最后，他终于受够了巴黎。"[21]

除了种种困难，凡·高在巴黎的两年生活彻底改变了他的绘画之路。他不仅开拓了自己的绘画主题，从公园和娱乐场所，到自画像和花卉静物画，更重要的是，他还通过与先锋派画家的交流，改变了自己的画风，他笔下的画不复荷兰时期的暗沉，变得色彩鲜艳、笔调活泼，焕发出勃勃生机。在巴黎期间，凡·高做出了一系列极其重要的尝试，为日后在普罗旺斯的发展打好了坚实的基础。在那里，他将正式开始塑造只属于自己的独特风格。

《黄房子》（*The Yellow House*，参见第145页，图73）局部细节图

第十一章：黄房子

阿尔勒的小黄屋（即黄房子）一直都是老样子，
一直都是人们来往于非洲热带和法国北部时的休憩所。[1]

地点： 阿尔勒
时间： 1888 年 2 月 ~ 1889 年 5 月

对于离开巴黎，南行途中的凡·高心情复杂，他在给提奥的信中写道："在路上，我一边回忆着在新国度看过的东西，一边思念着你。"[2] 同样地，提奥也对凡·高的离去有些失落（尽管两人的关系一度紧张），他写信给维尔，告诉她："我从未想过我们之间的关系会变得这般密切，可如今又只留我一人孤零零地待在公寓里了。"[3]

1888 年 2 月 20 日清晨，凡·高乘坐的火车驶入普罗旺斯的阿尔勒，迎接他的是一片不寻常的景色——银装素裹的南方风景。[4] 由于车站位于城北，凡·高只能在严冬穿过寒冷的大街前往城中心寻找新的住处。最终，他选择在卡雷尔旅店落脚。旅店老板是阿尔伯特·卡雷尔及其妻子凯瑟琳。旅店的一楼是饭馆，二楼、三楼则是客房。

旅店的地理位置很好，周围有很多商店和咖啡馆，距离壮丽的罗讷河也仅有几分钟步行路程。不过，附近的鹅卵石街道都建于中世纪，十分狭窄，在深冬里显得尤为寒碜。凡·高后来写道，这座小城显得"贫瘠且惨淡"，然而当他渐渐熟悉这座城市后，他又改口称，阿尔勒"别有一番古老的韵味"[5]。

阿尔勒的郊外风光

图71.《热气球视角下的阿尔勒》（*Balloon View of Arles*），阿尔弗雷德·盖东，约1850年，29厘米×44厘米，彩色平版印刷画

19 世纪中叶的一幅画（图 71）记录了热气球视角下的阿尔勒，展现了古老城墙包围下的城市全貌。城市的中心是保留至今的古罗马竞技场，上方的罗讷河中商贸船只来来往往，尽显其水上要道的重要性。前景处一辆火车呼啸而过，这条新干线很快就将成为该地交通运输的主力。在画面的右下角城墙边有一座黑黝黝的教堂，沿着教堂尖塔的位置向上走便是凡·高的新住处——卡雷尔旅店。

在高空的俯瞰视角下，我们可以看到阿尔勒的城市与郊区近在咫尺，交通十分便利。此前，凡·高曾在布拉班特和巴黎郊外画过无数自然风景，如今阿尔勒周边交织的麦田和果园又为他提供了全新的创作素材。在城外的蒙马儒山下有着成片的橄榄园和葡萄园，山顶上是一座中世纪修道院的遗迹。普罗旺斯一派田园风光，土壤丰沃。在这里，凡·高逐渐成长为一位具有革新精神的风景画家。

在阿尔勒，凡·高沐浴在法国南部的强烈日光之下，创作出了最显得他精力充沛、热情洋溢的作品。在15个月里，他一共完成了近200幅画，平均每周超过三幅，效率惊人。凡·高许多响当当的油画作品都诞生于这一时期：《鲜花盛开的果园》《金色的麦田》《地中海海景》《邮差的肖像》，还有后来享誉世界的"向日葵"系列静物画。

凡·高在布拉班特的乡村长大，因而他总能敏锐地察觉到季节的更替。当他抵达阿尔勒时，普罗旺斯地区的果树刚刚开花，于是他决定驻守在果园中，用画笔捕捉枝头怒放的花朵。在短短两个月里，他就完成了15幅画。而当花瓣凋零后，他开始将目光转到下一个地点：蒙马儒山。在当年7月前，他一共去了蒙马儒山约50次，每次都是手拿速写本徒步前往。再后来，当夏日临近，他又走进麦田，将金黄的麦穗定格在自己的画作中。

生活在色彩斑斓的普罗旺斯，凡·高笔下的颜色也随之发生了变化。在抵达阿尔勒的四个月后，也就是6月，他在信中写道："当草木蓬勃生长时，满眼都是北边不常见的绿色，让人心绪安定；即便是草木被烧成灰烬，这里的美景也丝毫未减，只是颜色由绿色变成了深浅不一的金色。"[6]

先前说到，凡·高抵达后迅速住进了卡雷尔旅店，但他很快发现，除了位置不错，旅店的其他条件并不算好。每当夜幕降临，他都会在旅店一楼的饭馆吃晚饭，但他抱怨那里的酒就像是"毒药"。此外，凡·高的卧室空间很小，因此他不得不在屋顶的平台上作画和晾画。然而，这样的做法很快让他和卡雷尔夫妇产生了矛盾，因为他"比其他不画画的客人（旅店的客人一般都是来自卡马格的牧人）要占

图72.黄房子（左侧路灯后的小屋）和蒙马儒街，约1905年，明信片

更多的地方”[7]。

为改善自己的创作环境，凡·高再度动起了搬家的念头，最终在拉马丁广场找到了一栋待租的房子。房子位于火车站和妓院中间，毗邻警察总局及几家通宵营业的咖啡馆，卫生状况不太理想。此外，房子附近还有两座高架桥，哪怕是深夜也会有火车经过，传来隆隆的响声。这栋房子才建造了大概40个年头，条件却很差劲，不过房租也很低，性价比还算不错。

关于房子的外观，现存最早的照片大约拍摄于1905年（图72），因此应该与凡·高入住时的样子非常相似。第二次世界大战期间，房子顶楼不幸被炸毁，由于当地人对凡·高并无太多兴趣，

图73.《黄房子》，1888年9月，布面油画，72厘米×92厘米，藏于阿姆斯特丹的凡·高博物馆（文森特·凡·高基金会）（F464）

因此未做任何修复工作，反而把整栋楼都给拆了。

凡·高根据房子外立面的颜色给它取名为“黄房子”，并创作了一幅油画专门描绘这栋楼的外观（图73）。在这幅画中，房子明黄色的外墙与深蓝色的天空形成了鲜明的对比，令人印象深刻。这栋建筑共分为两部分，左侧是一间杂货店，正面的墙体和雨篷都有些褪色；右侧则是凡·高的住处，已经被重新刷成了“黄油色”[8]，因此更加显眼。两侧建筑之间有一段连接的部分，二楼的窗户里还挂着洗干净的衣服。画面最左侧的树后面有一栋粉色的房子，那是玛格丽特·维尼萨克的饭馆，凡·高经常会去她那儿解决晚饭。

5月1日，凡·高正式搬进了黄房子（但前期并不在此过夜）。

这栋房子看起来非常适合凡·高，能为他提供足够的个人空间和宽敞的作画空间。他在给提奥的信中写道：“人要是还年轻，整天像个旅行家，混迹在咖啡馆里，没有一个温暖的家，那倒没什么。不过，我现在是无法忍受那样的生活了。最重要的是，那样的生活不适合干脑力活。”[9]

黄房子的入门处有一个客厅，客厅后方是厨房。起初，凡·高只是将客厅用作画室，渐渐地，他不再满足于客厅的空间，逐渐将作画的空间扩展到了厨房，毕竟对他来说，画画可比做饭重要多了。黄房子的二楼有两间正对拉马丁广场的卧室，画中绿色百叶窗关着的那个房间是凡·高的卧室，旁边开着窗的是客房。在入住当天，凡·高在给提奥的信中写道：“在旅店时，我总要为一些琐事争吵，这让我备受打击、心情抑郁，如今我离开了那儿，再也不用为此烦心了。”[10]后来，根据新政府对外国人的要求，凡·高前往市政厅登记自己的新住址（图 74）。

入住后，凡·高想要邀请巴黎的同行来此合租。他给出的理由是两人分担房租能降低生活成本，更重要的是，两个画家在一起会让生活和工作更有奔头和干劲。他梦想着能在黄房子构建属于他的“南方画室”[11]。此时的凡·高已经接受了他很难和女性有一段认真关系的事实，认为他不可能再拥有自己的家庭。因此，和画家朋友共同生活似乎成了另一种合理的选择。

在众多画家中，高更无疑是凡·高的首选。在去年 12 月前后，两人刚在巴黎见过面，凡·高十分欣赏高更的作品，并将他视为先锋派的前辈。而凡·高的弟弟提奥是一名艺术品商人，经手过高更的作品，他也鼓励高更去阿尔勒与自己的哥哥做伴。不过，尽管凡·高和高更都热爱绘画，但两人在巴黎只是萍水之交，对彼此的了解并

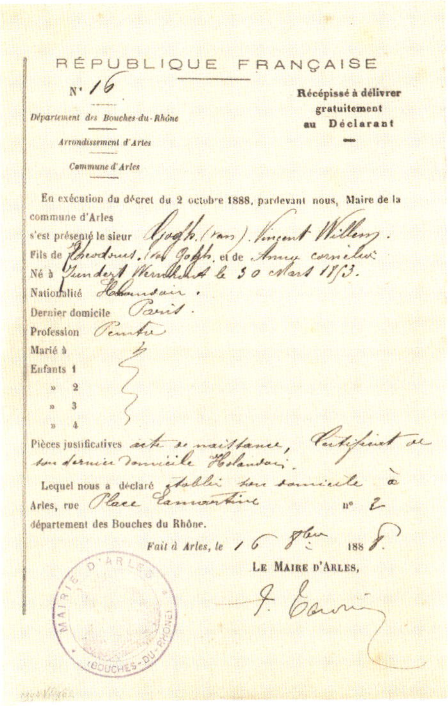
RÉPUBLIQUE FRANÇAISE

N° 16

Département des Bouches-du-Rhône

Arrondissement d'Arles

Commune d'Arles

Récépissé à délivrer gratuitement au Déclarant

En exécution du décret du 2 octobre 1888, pardevant nous, Maire de la commune d'Arles
s'est présenté le sieur Gogh (van) Vincent Willem.
Fils de Theodorus van Gogh et de Anna cornelia
Né à Zundert Hollande le 30 Mars 1853.
Nationalité Hollandais.
Dernier domicile Paris.
Profession Peintre
Marié à
Enfants 1
» 2
» 3
» 4
Pièces justificatives acte de naissance, certificat de son dernier domicile Hollandais.
Lequel nous a déclaré établir son domicile à
Arles, rue Place Lamartine n° 2
département des Bouches du Rhône.

Fait à Arles, le 16 8bre 1888.

LE MAIRE D'ARLES,

MAIRIE D'ARLES (BOUCHES-DU-RHÔNE)

图74.凡·高在阿尔勒的注册证明，1888年10月16日，藏于阿姆斯特丹的凡·高博物馆（b1994）

不多，因此两人住在一起后产生了诸多问题。

早在 5 月份，凡·高就在黄房子布置好了画室，但他不在房子里过夜，因为没有家具。他需要一张床，但没有钱买一张好的。开始几天，他继续睡在卡雷尔旅店，不过没多久便再次和店主产生了冲突，于是他搬了出来，转而在拉马丁广场上的火车站咖啡馆里找了睡觉的地方。这家咖啡馆距离黄房子非常近，只隔了几户人家，就在玛格丽特的饭馆左侧，但并没有出现在前文提及的油画（图73）中。咖啡馆的主人吉诺夫妇（约瑟夫和玛丽）是凡·高的好朋友。

图75.《夜间咖啡馆》，1888年9月，布面油画，70厘米×89厘米，藏于纽黑文市的耶鲁大学美术馆（F463）

寄宿在火车站咖啡馆期间，凡·高创作了《夜间咖啡馆》（*The Night Café*，图75）。为记录下这间咖啡馆深夜营业时的场景，他白天睡觉补充精神，到晚上才把画架放在门口处开始作画。然而，凡·高并没有写实地再现咖啡馆的内景，而是想要传递出一种情绪，他“试着用红色和绿色来表达人们内心可怖的激情。这是一个充斥着血红色和暗黄色的房间，房间中央摆放着一张绿色的台球桌；天花板上挂着四盏黄色的灯，散发出橙绿色的光芒”[12]。画中咖啡馆的墙壁是红色的，天花板是亮绿色的，这种戏剧化的色彩搭配几乎不会出现在现实生活中，因此很可能只是来自凡·高的想象。

在这幅画里，一身白衣的吉诺先生站在台球桌边，看管着夜里的咖啡馆。画面后方的柜台上摆满了各式瓶瓶罐罐，柜台上方的时钟显示时间刚过午夜。一对情人正依偎着坐在远处的角落里，亲密地喝着同一杯酒。店里还有三个男人，正各自伏在桌上打瞌睡，其中画面右侧戴着草帽的男子很可能就是凡·高本人。

凡·高坦言："这是一间用来幽会的屋子，妓女和她的客人就坐在画面那头。"他还说，在这幅画中自己"竭力想要表达一个观点，那就是你可以在咖啡馆里随意糟蹋自己、发疯，甚至干些犯罪的勾当"[13]。凡·高睡觉的地方应该就在帘子后面，在如此闹哄哄的咖啡馆里，他肯定很难入眠。

直到9月中旬，凡·高才终于攒够了钱，为黄房子的卧室及客房各添置了一张床，现在他终于可以睡在自己的卧室里了。一个月后，他为自己的新卧室作了一幅画（图76），色调明媚，透露出他的喜悦之情——他终于拥有一个真正属于自己的家了。凡·高自认为这幅画是他职业生涯中数一数二的作品。

在画里的众多家具及生活用品中，最显眼的无疑是凡·高的新床。对他而言，这间卧室就像是他的庇护所，只需关上窗户便能阻隔外界的喧嚣。凡·高写道："这幅画能让你放松心灵，或者说，放空想象力。"[14]

乍看之下，这幅画的透视会有些失真，整个房间仿佛都在晃动，有如梦中的场景。部分原因是这间卧室呈梯形，并不方正，桌子靠着的那堵墙是倾斜的，换言之，这栋房子斜对着拉马丁广场。但这并不是主要原因，更多的还是因为凡·高有意夸大本就奇怪的房间形状，同时改变了家具之间的比例，尤其是放大了床的尺寸，使其变得更为醒目。

图76.《卧室》（*The Bedroom*），1888年10月，布面油画，72厘米×91厘米，藏于阿姆斯特丹的凡·高博物馆（文森特·凡·高基金会）（F482）

卧室的墙上挂着五幅画：床头上方是一幅普罗旺斯风景画；右侧墙面的上排挂着两幅肖像，画的是凡·高在阿尔勒结交的朋友——比利时画家尤金·博赫和步兵战士保罗-尤金·米勒；下排挂着两幅带有白色宽边的画，很可能是日本画。

凡·高曾在信中向提奥详细讲解了《卧室》这幅画的配色，他先是介绍了画中苍紫色的墙面（由于画作的年代过久，紫色颜料中的红色素消失，如今画中的墙面已经变成了淡蓝色），接着写道："地上铺的是红色瓷砖，床架和椅子是新鲜的黄油色，床单和枕头是明亮的柠檬绿，被子是猩红色，窗子是绿色，梳妆台是橙色，水盆是蓝色，房门是淡紫色。"

图77.《公园小径》，1888年9月，布面油画，72厘米×93厘米，藏于奥特洛的库勒-穆勒博物馆（F470）

每天早晨，凡·高一打开窗就能看到拉马丁广场，还有广场上三个分开的小公园。刚搬进黄房子时，他就写道："这间画室最令人愉快的一点就是能看到对面的公园。"[15]

公园距离黄房子只有几步之遥，凡·高自然不会错过眼前的这番美景。他以此为主题创作了一系列作品，其中最早的一幅大约作于他睡在黄房子里的第一天，名为《公园小径》（*Path in the Public Garden*，图77）。对于这幅画，凡·高曾进行描述，说这是"悬铃木下的一条小径，两旁是青葱的草地与墨色的松树丛"[16]。公园里，撑着阳伞的女人正沿着弯曲的小径散步。整幅画透露出一种闲适的气氛，让人忘却了这其实只是城市中心的一个小公园。

作画那天，天空湛蓝如洗，凡·高以赭色的笔触将深色的绿地定格于画板之上。他写信和提奥说："这里的自然风景真是太漂亮了"，并补充道："穹顶蓝得恰到好处，太阳射出浅浅的硫黄色光芒，两者的结合柔和又迷人，让人不禁联想到维米尔笔下天边的蓝与黄。"[17]

由于阿尔勒的城区和乡村距离非常近，凡·高经常会待在城外，沉醉于田园乡野之中。作品《去往塔拉斯孔的画家》（*The Painter on the Route de Tarascon*，图 78）就描绘了凡·高出发去蒙马儒山写生时的场景，他右手提着袋子，左手拿着文件夹，背着一个旅行画架，头上戴着一顶防晒用的草帽。在盛夏的阳光下，画家的身躯在地上投下了一片浓重的阴影。凡·高曾对妹妹维尔说，自己"总是风尘仆仆，全身塞满了条条棒棒，还带着画架、画布及其他装备，就像一只浑身是刺的豪猪"[18]。

在蒙马儒山下的平原上，凡·高创作了《普罗旺斯收获季》（*Harvest in Provence*，图 79）。这是一幅极其出色的风景画，完成于 6 月，展现了凡·高在阿尔勒前几个月里取得的巨大进步。作画时，凡·高面朝阿尔皮勒山（又名小阿尔卑斯山）架起画架，画下了城市东边原野的全景。在画面远处，蓝绿色的蒙马儒山在地平线上绵延起伏，右侧山上的修道院遗迹依稀可见。在山的前方，麦田间坐落着三间农舍，不仅进一步加强了景深效果，还使整幅画看起来更加和谐。

在青色天空的映衬下，金色的麦田显得格外耀眼。麦田中央停着一辆蓝色的二轮马车，不久后便将装满新割的麦子。除了捕捉田园风景，凡·高还巧妙地在各处添加了一些人物和动物，使画作越发鲜活起来。前景中围着栅栏的绿地里有一个农妇正在慢慢踱步；画面左侧的干草堆后有一个小小的身影，那是收割麦穗的农民，正在奋力挥舞着镰刀；在农民的右侧不远处，马车拉着作物呼啸而过；

图78.《去往塔拉斯孔的画家》，1888年7月，布面油画，48厘米×44厘米，藏于马格德堡的恺撒·弗雷德里希博物馆（1945年丢失）（F448）

图79.《普罗旺斯收获季》，1888年6月，布面油画，73厘米×92厘米，藏于阿姆斯特丹的凡·高博物馆（文森特·凡·高基金会）（F412）

画面右侧的农舍前也停着一辆马车，旁边的农民正拿着草叉整理割好的麦子。

回到画室后，凡·高对画作进行了最后的润色，随后将画放在红棕色的地板上，细细品味。凡·高对这次的成果十分满意，在完成这幅画后，他写信告诉提奥："我对自己说，要是每天都能画出这样的画就好了。如果你两手空空地回家，却照常吃喝，照旧花钱，那么你肯定不会对自己满意，只会觉得自己是一个疯子、无赖或老糊涂。"[19]

同一时期，凡·高还创作了《夕阳下的播种人》（*Sower with Setting Sun*，图80），记录了农事生产的下一步——播种。地平线

上图

图80.《夕阳下的播种人》，1888年6月，布面油画，64厘米×80厘米，藏于奥特洛的库勒-穆勒博物馆（F422）

左图

图81.《夕阳下的播种人》草图，取自凡·高给约翰·拉塞尔的信，约1888年6月17日（书信627），纸面墨水画，23厘米×15厘米（信纸尺寸），藏于纽约的所罗门·古根海姆博物馆

附近是硕果累累的小麦，正等着人来收割；麦田前方，一个农民大步走过。这幅画的灵感很可能源自画家让-弗朗索瓦·米勒的传世之作《播种者》(*The Sower*)。米勒是19世纪初的法国现实主义画家，也是凡·高十分仰慕的画家。凡·高的作品描绘了日落时分的场景，在橙黄色天空的映照下，蓝色、紫色、赭色等醒目的色彩交织在一起，点缀着犁沟，两者形成了鲜明的对比，为整幅画注入了别样的生机。在这幅极具象征意味的作品里，一轮巨大的落日占据了主导位置，它正缓缓沉入地平线以下，与之相比，一边的农舍显得极为渺小。

在完成《夕阳下的播种人》前不久，凡·高曾给澳大利亚的朋友拉塞尔写过一封信，并与他分享了这幅油画的草图(图81)。凡·高在信里用的是英语，这证明他还记得自己在伦敦做艺术品商人时用的语言。在写完信的一两天后，凡·高决定对构图稍做调整，在最终的画作中将草图中的农舍移到了左边，并改变了农民的体态，让他看起来更具动感，此外，他还加深了农民身前的影子。

整个夏天，普罗旺斯的天气都很不错，因此凡·高经常去户外画风景画。6月初，凡·高甚至在一个渔村待了将近一周。该渔村名为圣马迪拉莫，位于阿尔勒以南40千米，去那儿的路上会经过卡马格的沼泽地。这是凡·高第一次亲眼见到地中海，沿海地区炽烈的太阳光让他笔下的色彩变得越发浓重起来。

由于要户外写生，凡·高总是长时间地在阿尔勒的乡间漫步，每当这时，他都会思考如何才能劝说高更离开布列塔尼来普罗旺斯。实际上，高更本人早有其他想法，他想去阿尔及利亚或其他热带地区。于是，凡·高转而劝说他将阿尔勒当成中间歇脚的地方，因为阿尔勒离马赛港不远。但高更并没有马上听从凡·高的建议，而是用各种借口来搪塞。在这个过程中，两位画家互通书信，还交换了彼此的自画像。

图82.《悲惨世界》（带伯纳德肖像的自画像），保罗·高更，1888年9月，布面油画，45厘米×55厘米，藏于阿姆斯特丹的凡·高博物馆（文森特·凡·高基金会）

当时，高更正身处阿旺桥，与两人共同的好友伯纳德在一块。因此，高更送给凡·高一幅右上角带有伯纳德肖像的自画像（图82）。他将这幅画命名为《悲惨世界》（*Les Misérables*），灵感源自维克多·雨果同名小说中主人公冉·阿让的经历。冉·阿让是社会的边缘人物，一直受到迫害。作为回礼，凡·高也送给高更一幅自画像，画中蓝绿色的背景及凡·高剃光的头发极具视觉冲击力。[20]相较而言，凡·高自画像的风格更为传统，虽然其作品在用色上要比高更的大胆许多。

最终，在凡·高的弟弟、艺术品商人提奥的推动下，高更同意前往阿尔勒与凡·高会合。1888 年 10 月 23 日，高更抵达阿尔勒，一走进黄房子，眼前所见便让他眼花缭乱：客厅的墙上挂满了向日

图83.在阿里斯康的女人，约1905年，明信片

葵的静物油画，似乎在热情地欢迎他的到来。这些画都是凡·高为迎接高更所作，他早就梦想着在南方与人合作开办画室，现在这个梦想终于实现了。

尽管高更受到了凡·高的热烈欢迎，也欣赏了其大胆无畏的作品，但他还是被屋里混乱不堪的环境吓到了。以凡·高的颜料盒为例，盒子里满是挤了一半就丢在一边的颜料管，而且大多都没盖盖子，搞得颜料混在一起甚至干结成块，乱七八糟的。后来，高更回忆道："房子里到处都是一团糟，我惊呆了。"[21] 或许也正因为如此，高更坚持要长期雇用清洁工。此外，凡·高的厨艺也不怎么样，高更曾抱怨过凡·高做的汤，他说："我实在不知道他是怎么烧出这锅不明混合物的，不过汤的颜色倒是和他画里的颜色十分相像……这东西绝对没法下肚。”[22]

每天晚上，凡·高和高更都会坐在一起畅谈艺术，一般还会在火车站咖啡馆或论坛广场上的酒吧里小酌一杯。偶尔，两人也会前往阿尔勒街的妓院，那儿距离黄房子只有几分钟步程。他们想在妓院里寻找愿意给他们当模特（或提供其他服务）的人。

高更已入不惑之年，比凡·高年长五岁，而且其作品的销售情况也比凡·高好，因此他自视为凡·高的前辈。起初，凡·高也十分愿意放低自己的位置，因此两人得以和睦相处，并肩作画。这段时间，他们常会前往阿尔勒的边缘地带阿里斯康，把画架搭在那里的林荫道上作画，林荫道两侧是古罗马时期的陵墓（图 83）。

尽管两位画家面对着相同的创作主题，但他们的作画方式却截然不同。高更认为，凡·高应该更多地根据记忆和想象作画，而不是拘泥于眼前所见。11 月正是葡萄成熟的季节，两人都以此为主题进行创作，不同的是，凡·高的《红色葡萄园》（*The Red Vineyard*，这也是凡·高生前唯一卖出的画）描绘了蒙马儒山下的景色，即眼睛所见之景；而高更的《收获葡萄》（*Grape Harvest*）则几乎完全来自记忆和想象，整幅画的焦点是前景中一名双手托着脸的悲伤女子，背景处农妇收获葡萄的场景处理得十分简单，几乎难以辨识。这种巨大的差异无疑为两人日后的分歧埋下了导火线。

在与高更同住期间，凡·高创作的较为私密的两幅画是他和高更的一对椅子。这对椅子通常被面对面地放在一楼的红砖地上，可以被视作椅子主人的象征，因此这两幅画也可以被视作两位画家的肖像。在油画《高更的椅子》（图 84）中，凡·高描绘了高更最爱的木制扶手椅。画作的背景中有一盏新装上的煤气灯，前方高更的

图84.《高更的椅子》，1888年11月，麻布油画，91厘米×73厘米，藏于阿姆斯特丹的凡·高博物馆（文森特·凡·高基金会）（F499）

图85.《凡·高的椅子》，1888年11月～1889年1月，麻布油画，92厘米×73厘米，藏于伦敦的英国国家美术馆（F498）

椅子上则放着一支点亮的蜡烛和两本小说，似乎在暗示椅子的主人会在晚上坐在这里舒舒服服地看书。

在完成《高更的椅子》后，凡·高又描绘了另一张椅子，他形容道："这是我自己的空椅子，松木材料，上面放着烟斗和烟草袋。"[23]（图 85）这件简单的家具侧面反映了凡·高谦逊的性格（不同于高更的自信与独断）。凡·高在 11 月就完成了这幅画的大部分内容，但在大约一个月后，他又在此前的基础上添加了烟斗和烟草袋。这两件私人物品如同一幅额外的小型静物画，使椅子主人的形象越发丰满了起来，让观者脑中不禁浮现出凡·高坐在椅子上一边吸烟一边陷入沉思的画面。

然而，温馨的同居生活是短暂的，两位画家的矛盾开始加剧。九个月后，这场同居生活最终还是以悲剧收场。随着时间的推移，凡·高和高更的关系不断恶化，以至于高更威胁说要搬出黄房子，返回巴黎。12 月中旬，凡·高在给提奥的信中写道，高更"已经对阿尔勒，对我们并肩奋战的小黄屋，当然主要还是对我有些心灰意冷了"[24]。

此时，提奥遇到了一个来巴黎游玩的荷兰女子，这名年轻的女子名叫乔（乔安娜）·邦格。仅仅过了几天，两人便快速明确了恋爱关系，甚至准备走入婚姻的殿堂。提奥写信给哥哥，宣布自己订婚的消息。这让凡·高十分恐慌，因为提奥是他唯一能获得情感和经济支持的来源，他害怕提奥订婚后会抛弃他。[25]

在组建"南方画室"的希望眼看就要破灭及弟弟订婚的双重打击之下，1888 年 12 月 23 日，在收到提奥订婚消息的几小时后，凡·高和高更大吵了一架，高更摔门而出，只留下凡·高一个人待在黄房子。紧接着，凡·高承受了毁灭性的打击，具体是什么打击如今我们无

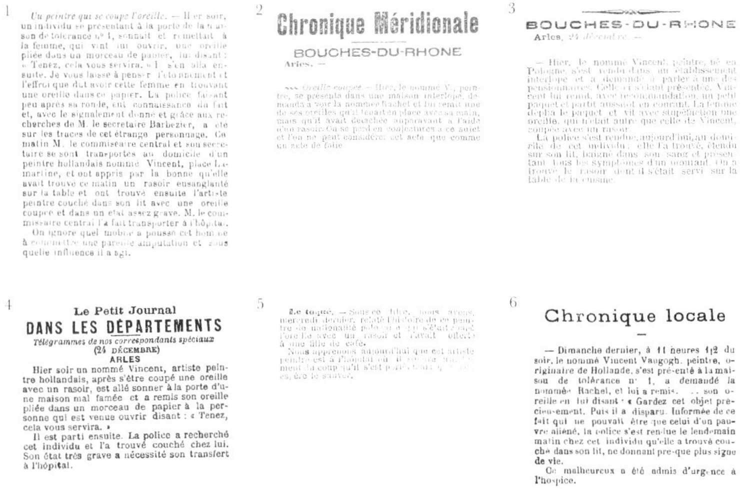

1
Un peintre qui se coupe l'oreille. — Hier soir, un individu se présentant à la porte de la maison de tolérance nº 1, sonnait et remettait à la femme, qui vint lui ouvrir, une oreille pliée dans un morceau de papier, lui disant : « Tenez, cela vous servira. » Il s'en alla ensuite. Je vous laisse à penser l'étonnement et l'effroi que dut avoir cette femme en trouvant une oreille dans ce papier. La police faisant peu après sa ronde, eut connaissance du fait et, avec le signalement donné et grâce aux recherches de M. le secretaire Barbezier, a été sur les traces de cet étrange personnage. Ce matin M. le commissaire central et son secretaire se sont transportés au domicile d'un peintre hollandais nommé Vincent, place Lamartine, et ont appris par la bonne qu'elle avait trouvé ce matin un rasoir ensanglanté sur la table et ont trouvé ensuite l'artiste peintre couché dans son lit avec une oreille coupée et dans un état assez grave. M. le commissaire central l'a fait transporter à l'hôpital.
On ignore quel mobile a poussé cet homme à commettre une pareille amputation et sous quelle influence il a agi.

2
Chronique Méridionale
BOUCHES-DU-RHONE
Arles. —
Oreille coupée. — Hier, le nommé V., peintre, se présenta dans une maison interlope, demanda à voir la nommée Rachel et lui remit une de ses oreilles qu'il tenait en place avec sa main, mais qu'il avait detachée auparavant à l'aide d'un rasoir. On se perd en conjectures à ce sujet et l'on ne peut considérer cet acte que comme un acte de folie.

3
BOUCHES-DU-RHONE
Arles, 24 décembre. —
— Hier, le nommé Vincent, peintre, né en Pologne, s'est rendu dans un établissement interlope et a demandé à parler à une des pensionnaires. Celle-ci s'étant présentée, Vincent lui remit, avec recommandation, un petit paquet et partit aussitôt en courant. La femme déplia le paquet et vit avec stupéfaction une oreille, qui n'était autre que celle de Vincent, coupée avec un rasoir.
La police s'est rendue, aujourd'hui, au domicile de cet individu ; elle l'a trouvé, étendu sur son lit, baigné dans son sang et présentant tous les symptômes d'un mourant. On a trouvé le rasoir dont il s'était servi sur la table de la cuisine.

4
Le Petit Journal
DANS LES DÉPARTEMENTS
Télégrammes de nos correspondants spéciaux
(24 DÉCEMBRE)
ARLES
Hier soir un nommé Vincent, artiste peintre hollandais, après s'être coupé une oreille avec un rasoir, est allé sonner à la porte d'une maison mal famée et a remis son oreille pliée dans un morceau de papier à la personne qui est venue ouvrir disant : « Tenez, cela vous servira. »
Il est parti ensuite. La police a recherché cet individu et l'a trouvé couché chez lui. Son état très grave a nécessité son transfert à l'hôpital.

5
Le toqué. — Sous ce titre, nous avons, mercredi dernier, relaté l'histoire de ce peintre de nationalité polonaise qui s'était coupé l'oreille avec un rasoir et l'avait offerte à une fille de café.
Nous apprenons aujourd'hui que cet artiste peintre est à l'hôpital où il [illegible] ment du coup qu'il s'est porté, [illegible] espère le sauver.

6
Chronique locale
—
— Dimanche dernier, à 11 heures 1/2 du soir, le nommé Vincent Vaugogh, peintre, originaire de Hollande, s'est présenté à la maison de tolérance nº 1, a demandé la nommée Rachel, et lui a remis... son oreille en lui disant : « Gardez cet objet précieusement. Puis il a disparu. Informée de ce fait qui ne pouvait être que celui d'un pauvre aliéné, la police s'est rendue le lendemain matin chez cet individu qu'elle a trouvé couché dans son lit, ne donnant presque plus signe de vie.
Ce malheureux a été admis d'urgence à l'hospice.

图86.1888年各报社对凡·高自残事件的报道：（1）《南方信使报》，12月25日；（2）《马赛小报》，12月25日；（3）《普罗旺斯小报》，12月25日；（4）《新闻小报》，12月26日；（5）《南方小报》，12月29日；（6）《共和论坛》，12月30日

从得知，不过据猜测，他很可能产生了幻觉，“听”到了某些可怕的声音。或许是为了消除耳朵里的噪声，凡·高拿起剃须刀，割下了一大块自己的左耳。

然后，凡·高拿起割下来的耳朵用纸包好，离开黄房子，大步穿过拉马丁广场，于晚上11点半把这个恐怖的包裹放在了阿尔勒街1号的妓院里。收件人名为蕾切尔，这是她常用的艺名，最新的研究显示，她的真名是加布里艾尔·博拉泰尔，当时年仅19岁。[26]

这出闹剧被当时的多家报社报道，不过直到20世纪50年代才有人找到了其中一篇报道，后来又相继发现了五篇相关报道（图86）。[27] 其中两篇记载了凡·高在妓院的留言，一篇写的是“收好这件宝贝”，另外一篇写的是“收好它，会有用的”。[28] 新发现的

这些报道为我们还原了这一事件的更多珍贵细节。

妓院离警察局很近，当时在警察局值班的文森特·巴贝塞尔收到报警后立即和上司约瑟夫·奥纳诺一同赶往黄房子。给警察开门的可能是凡·高雇用的清洁工泰莱丝·巴尔莫西埃[29]，也可能是火车站咖啡馆的吉诺夫妇。警察上楼后发现凡·高躺在床上，耳朵淌着血，伤口很大。原本在外（旅店）过夜的高更在得知这一消息后，也赶回了黄房子，不过他是在警察抵达后才回来的。凡·高很快被送去了市立医院——神社医院。

尽管受伤严重，但凡·高的身体恢复得很快。1889 年 1 月 7 日，凡·高便出院回到了黄房子。起初，他的心情十分低落，不过仅仅一周后，或许是急于将此前的悲剧抛却身后，他再度全身心地投入了艺术创作。当月晚些时候，凡·高创作了两幅自画像，并在画中突出展示了他那经过包扎的耳朵（由于凡·高是对着镜子作画的，所以画中绷带在他的右耳上）。凡·高本可以轻而易举地画他另一只完好的耳朵，但他却选择画残缺的那只，这显然是故意为之，他很可能正在试图接受他曾经的自残行为。

后来，凡·高将《包扎着耳朵的自画像与日本画》（*Self-Portrait with Bandaged Ear and Japanese Print*，图 87）寄给提奥，或许是想证明他没有丢掉绘画的技艺。在这幅画中，凡·高画下了自己在画室里的模样：他站在正对着拉马丁广场的玻璃大门旁，一身冬衣，不喜不悲，眼眶深陷，目光沉静。凡·高身后墙上的彩画是佐藤虎清的版画《艺者与富士》（*Geishas in a Landscape*），反映了画家对日本画的敬意。画架上的画只有几笔简单的轮廓，但依稀可以看出是一幅花卉静物画。

尽管凡·高对重新开始绘画抱有极大的热情和野心，但他的精

图87.《包扎着耳朵的自画像与日本画》，1889年1月，布面油画，60厘米×49厘米，藏于伦敦的考陶尔德画廊（F527）

神状况却每况愈下。在回到黄房子的一个月后，他再次遭受到精神上的打击，不得不回医院住了大约十天才出院。然而，没过多久，到了 2 月底，他再次因为精神失常被送去医院。在阿尔勒的最后一段时间里，凡·高每天都在医院过夜，不过幸运的是，在精神状况有所好转后，医生同意让他白天回黄房子作画。

这样的安排意味着 1889 年的前几个月，凡·高基本都是在病房里度过的。阿尔勒的市立医院建于 16 世纪，只有个别区域有过翻新。凡·高居住的男性病房位于二楼，没有翻新过，是一间非常长的房间，房间两侧摆着几十张带帘子的病床，因此病人之间几乎没有隐私可言。可想而知，当凡·高夜里躺在病床上时，看着当下的糟糕处境，想起不久前在黄房子的安逸生活，一定觉得落差很大。

尽管处境艰难，但凡·高并未因此停下画笔。相反，在这一时期，他创作出了一幅色彩明媚、积极向上的画作，即《阿尔勒医院庭院》（*Courtyard of the Hospital at Arles*，图 88），这着实有些令人惊讶。凡·高称，这是“一幅充满鲜花和春日草木的画”[30]。他在画作中描绘了医院庭院的场景，一群病人在二楼的走廊上放风，一位修女从一楼花园的尽头缓步向我们走来。此外，凡·高还细致地画出了池塘里的金鱼，红色与蓝绿色的搭配再次表现出了他对互补色的喜爱。

这幅活泼的油画是凡·高在阿尔勒创作的最后一批画作之一。凡·高的主治医生菲利克斯·雷伊曾主动提出要租给他一间两室的小房子，不过凡·高最后还是拒绝了，他觉得自己无法独居。经过一番考虑，凡·高同意搬去专为精神失常者设立的疗养院。他先是考虑了马赛市和普罗旺斯艾克斯市里规模较大的市政疗养院，不过最终他还是选择了圣保罗精神病院，这是一家小型的私人疗养院，

图88.《阿尔勒医院庭院》，1889年4月，布面油画，73厘米×92厘米，藏于瑞士温特图尔的奥斯卡·莱因哈特博物馆（F519）

就在普罗旺斯的圣雷米小镇外，位于阿尔勒东北方向20千米处。

1889年4月18日，提奥正式举办婚礼。与此同时，凡·高却在为自己要搬去圣保罗精神病院而感到苦恼。虽然不情不愿，但他意识到自己别无选择。在经历了“可怕的打击”之后，凡·高意识到了自己的失败，并承认“自己的人生正在走下坡路”[31]。提奥婚礼次日，当提奥和乔还在享受幸福的蜜月、准备在巴黎共筑爱巢时，凡·高终于下定决心，离开阿尔勒，离开他心心念念的黄房子。[32]

《星月夜》（*Starry Night*，参见第187页，图99）局部细节图

第十二章：隐居疗养院

透过装着铁栅栏的窗户，我能看到围墙内的一块麦地……
麦地之上，我能看到清晨的太阳射出万丈光芒。[1]

地点：圣保罗精神病院
时间：1889 年 5 月 ~ 1890 年 5 月

凡・高动荡的一生里经历过许多挫折，但这一次无疑是最大的一次。他主动放弃了自由，选择住进精神病院。尽管圣保罗精神病院距离阿尔勒只有两小时的路程，但凡・高先前从未到访过此地，因此他对接下来的生活一无所知。在 19 世纪，精神病院的各方面条件普遍不太理想，甚至有些差到令人恐惧。

1889 年 5 月 8 日，凡・高在新教牧师弗雷德里克・萨勒斯的陪同下离开阿尔勒市立医院，前往圣保罗精神病院。在去火车站的路上，他们经过了拉马丁广场，此时的黄房子早已门窗紧闭。由于阿尔勒没有直达圣雷米的火车，他们需要先到塔拉斯孔，再换乘开往圣雷米的支线火车。到站后，两人乘坐马车抵达了此行的终点——圣保罗精神病院，该精神病院坐落于圣雷米小镇以南一千米的乡下。[2]

圣保罗精神病院的前身是一座修道院，名字取自 5 世纪的传奇基督教徒圣保罗（建于他埋葬地上方的罗马圣保罗大教堂至今屹立不倒）。虽然修道院的历史可以追溯到大约公元 1000 年，但留存下来的建筑中历史最悠久的是建于 12 世纪的回廊。1605 年，修道院由以关爱病弱者为己任的方济会接手。法国大革命开始后，修道院被政府征收。1807 年，路易斯・墨丘林医生出资买下修道院并把

圣保罗精神病院

图89.圣保罗精神病院的“健康之家”海报，约19世纪80年代，37厘米×49厘米，巴黎巴斯德和费尔莱马德公司，藏于凡·高博物馆档案室（B4420）

它改造成了一所疗养院，在保留修道院原有建筑的基础上分别为男女病人建造了新的楼房。

在当时的一张宣传海报（图89）上，圣保罗精神病院被誉为“健康之家”。海报还配上了一幅圣保罗精神病院的手绘全景图，在阿尔皮勒的山脚下，一群红顶屋围绕着小教堂而建，四周是茂密的树丛，整个环境如同田园牧歌一般美好。图片两侧的文字也极具诱惑性，直接把当地的气候与尼斯和戛纳的相提并论，俨然一副在描绘度假胜地的样子。然而事实上，圣保罗精神病院只是一所为精神失常者（那时常被称为疯子）开设的疗养院。凡·高很快就会发现疗

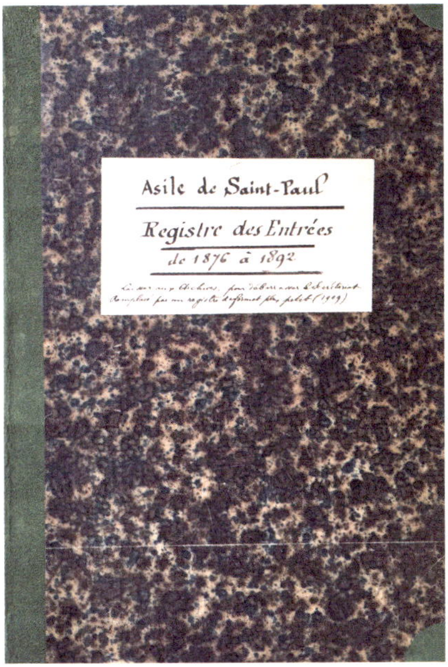

图90.圣保罗精神病院入院登记簿（1876～1892年），
藏于普罗旺斯地区圣雷米市立档案室

养院内的真实生活远不像海报上所说的那么吸引人。

刚到大门，凡·高就受到了院长泰奥菲勒·佩龙医生的欢迎。第二天，佩龙医生首次为凡·高写了医疗报告，并在报告中记录了凡·高几个月前发生的事：“凡·高曾突发急性躁狂症，视觉和听觉上的幻觉导致他做出了自残的行为，切下了自己的耳朵。”佩龙医生确信凡·高的病因是癫痫，并补充道：“今天他似乎恢复了理智，但他觉得自己没有独立生活的能力和勇气，所以他申请加入我们这个大家庭。”[3]

凡·高入住时，疗养院的规模还很小，只有18名男性病人。

如今很难找到有关凡·高当时生活的文档资料，不过根据新发现的一份有凡·高名字的入住登记簿（图 90），我们终于可以确定大部分同期病人的身份。[4] 这无疑能帮助我们更好地厘清凡·高在疗养院的生活状况，毕竟他在这个紧密的小团体里生活了整整一年，与这些病人朝夕相处，一起分担痛苦，因此凡·高也将他们亲昵地称为“不幸的伙伴们”[5]。

在圣保罗精神病院的生活肯定让凡·高觉得非常烦躁，他曾毫不夸张地写道：“总是能听到恐怖的嚎叫声，那些声音就像是动物园里的野兽发出来的。”[6]病人让·罗维罗很可能是声音的来源之一。他比凡·高早入院两年，1887 年 5 月入院时才 20 岁，从没有学过说话，并且有暴力倾向——鉴于他没有语言交流的能力，这一点并不奇怪。1932 年，罗维罗在圣保罗精神病院去世，此时他已经在那里待了近 45 年。[7]

凡·高入院后被分配到了男性病人所住的那栋楼的东翼二层。他在信中向提奥描述了一番房间的陈设：“我有了一个小房间，屋内铺着灰绿色的纸，挂着两块水绿色的窗帘，窗帘上的图案是颜色很浅的玫瑰，玫瑰上点缀着细细的鲜红色线条。这两块窗帘很可能是一位已故的破产富人遗留下来的，设计得很漂亮。此外，房间里还有一张非常破旧的扶手椅，可能也是那个有钱人留下来的。”[8]

在被佩龙医生带去卧室时，凡·高马上就注意到了窗户上的铁栅。虽然铁栅给人带来了禁闭和压抑的感觉，但它们框住的窗外景色美得令人窒息，因而凡·高在接下来的几个月里把窗子一遍又一遍地画进了画里。卧室窗下是一块麦地，在阳光下闪着金光；麦地远处是一片泛着银光的橄榄树丛，其间三三两两立着苍翠的柏树；再向远处望去，在这片乡野风景的尽头，阿尔皮勒山前的小丘映入眼帘。与凡·高那单调的小房间相比，窗外的风景令人眼花缭乱，明明只有一墙之隔却是两个如此不同的世界。

凡·高不能走出疗养院，但他在卧室里依然能欣赏到春天到来后的美景。入院几周后，他乐观地写道："多么美丽的土地，多么漂亮的蓝色，多么壮丽的太阳！"[9]凡·高来自低地国家，而且刚刚从阿尔勒的平原地区过来，眼前起伏不平的景色让他大开眼界。阿尔勒郊外的农田旁也有蒙马儒山，不过显然圣雷米附近的阿尔皮勒山要陡峭得多。这是一片凡·高从未见过的风景：前方是草木繁盛的乡野，背景却是乱石嶙峋、高低起伏的山脉。

窗外的麦地在凡·高的油画里出现了不下14次，素描也差不多。这些画创作的季节不同、时间多变、天气各样，风格迥异，但它们都是凡·高在圣雷米作品的缩影。随着凡·高越来越熟悉窗外的景色，他渐渐也在其中放飞自己的想象。

6月，凡·高完成了第一幅描绘窗外景色的油画，即《暴风雨过后的麦田》（*Wheatfield after a Storm*，图91）。在画中，熟透了的小麦打着旋儿躺在地上，如同暴风雨下的海浪，与之呼应的是空中如波涛般汹涌的云朵。这幅画采用了厚涂法，强有力的笔触让画面看起来充满生机。在向提奥描述这幅画时，凡·高写道："一地麦子遭受风雨洗礼，纷纷垂倒折腰。在远处的围墙后有几棵灰叶橄榄，连接着小屋和山峦。画面顶部，一大朵灰白色的云飘浮在蓝色的天空中。这片风景就是如此简单。"[10]

当月晚些时候，伴随着收割季的开始，凡·高再度开始描绘他熟悉的对象——农民。他以象征性的眼光看待收割的场景，并在给提奥的信中写道，农民"就像是魔鬼一样，整天在高温下勤苦劳作，只等一天结束"。凡·高还补充说，收割者的形象让他想起了带着

图91.《暴风雨过后的麦田》，1889年6月，71厘米×89厘米，史泰登美术馆所有，长期租借给哥本哈根的新嘉士伯艺术博物馆（F611）

镰刀的死神和他那收割人命的工作。[11] 当然，凡·高也有乐观的联想，他把收割麦子视作万物轮回中的一环，因为在欢乐的丰收时刻过后，新一轮的种子又将被播撒到田地里。

凡·高入院时正处于人少之际，男性病房并没有住满，还有大约30间闲置的房间。于是，他提出希望能给他一间屋子充当画室。由于对画家不怎么熟悉，佩龙医生起初想必对凡·高的要求感到困惑，不过他最终还是答应把北边的一间屋子给凡·高使用。几个月后，凡·高告诉他的母亲安娜："我几乎从早到晚都在创作，天天如此。我把自己反锁在画室里，以免受到干扰。"[12] 要来的这间屋子不仅为凡·高提供了作画的空间，也成了他在疗养院的避难所，他可以

图92.《画室的窗》（*Window in the Studio*），约1889年9～10月，纸面黑粉笔和油画，62厘米×48厘米，藏于阿姆斯特丹的凡·高博物馆（文森特·凡·高基金会）（F1528）

在这里躲避那些精神失常的病友。

凡·高把他画室的模样记录在一幅欢快的私人画作里，传神地表现出画室内景（图 92）。画室内部陈设简陋，可能只有一张桌子、几张椅子及一个他从阿尔勒带来的画架。窗台上放着瓶瓶罐罐，其中有些装着可用于稀释油画和清洗笔刷的松脂。这些瓶瓶罐罐很可能是凡·高为了画画才故意摆在窗台上的，窗户外侧有铁栅，只能向内打开，因此窗台上平时放不了东西。右侧的桌子上摆放着凡·高的个人物品：两个盒子，短的用来装颜料管，长的用来装笔刷。

画中还出现了凡·高本人创作的四幅画，右侧墙面上的两幅看起来似乎还装裱过：上面的一幅很可能是《疗养院花园里的树》（*Trees in the Garden of the Asylum*），描绘了两棵树的树干弯向一棵柏树的场景[13]；下面的一幅是《星月夜》（参见第 187 页，图 99），画面左侧向上的线条是一棵枝干纠缠的柏树，右下角弯弯绕绕的暗色区域似乎是阿尔皮勒山，天空正中间的几笔线条应该是螺旋状的云，月亮在右边。

凡·高画室的底部是一楼的门廊，门廊通向围着围墙的花园，这个花园是专供男病人活动的区域。凡·高曾画下门廊的景致（图 93），画面右侧的墙角下还抵着一幅经过装裱的画，整幅画呈绿色调，与花园里的景色交相辉映。拱形门廊的正下方摆着一幅没有装裱过的油画，也可能是一组素描。这处门廊的样子至今没有太大的变化（图 94）。

在疗养院居住期间，凡·高会穿过这扇门，欣赏户外郁郁葱葱的植被，在花园里度过他最快乐的时光。花园的设计者是墨丘林医生，他坚信户外散步和亲近自然能治疗心灵的创伤。凡·高略为伤感地对提奥写道："只要还在花园里，生活就没有那么糟糕"。[14]

图93.《疗养院门廊》（*Vestibule in the Asylum*），约1889年9～10月，纸面黑粉笔和稀释油彩画，62厘米×47厘米，藏于阿姆斯特丹凡·高博物馆（文森特·凡·高基金会）（F1530）

图94.圣保罗精神病院，前身为男子病房的楼房的门廊，1987年由本书作者拍摄

图95.圣保罗精神病院航拍图，摄于20世纪40年代，明信片

门廊外是一个低矮的圆形喷泉，这个喷泉经常出现在凡·高的画里。

花园为凡·高提供了一个休憩的场所，让他有时能短暂忘记自己正被监禁于一所精神病院里。他特别喜欢在花园里消磨时光，喜欢置身于露天的花草树木之中。他热爱草木，接受它们的抚慰，并将它们刻画在绚丽的油画里。

一张摄于20世纪40年代的航拍图显示了圣保罗精神病院的建筑分布（图95）。原修道院教堂的塔楼高耸于建筑群之间，下方是以前麦地的位置，右侧是楼房的东翼，凡·高的卧室就在这幢楼的二楼。这幢长长的建筑后方是围墙围着的花园，花园里的树木比

图96.《疗养院和小教堂的景色》，1889年秋，布面油画，45厘米×60厘米，私人收藏（F803）

凡·高在的时候要高大许多。凡·高的画室则位于楼房的北翼，就在花园之上。疗养院四周环绕着橄榄树丛，远处吸引人眼球的阿尔皮勒山则成了疗养院的背景。

凡·高刚进疗养院就希望医生能放他出去探索周边的风景。当时是 5 月，正是普罗旺斯一年中最宜人的月份，凡·高急不可耐地要走出疗养院围墙，捕捉周围迷人的景致。在凡·高入院的一个月后，

图97.《橄榄树与阿尔皮勒山》，1889年6月，布面油画，73厘米×91厘米，藏于纽约的现代艺术博物馆（F712）

佩龙医生向提奥报告说，最近凡·高都会在护工的陪伴下去疗养院外寻找“乡野里的独特视角”[15]。

风景画家能在圣保罗精神病院周围找到无比丰富的素材。不到五分钟，凡·高就沉浸在了无边的橄榄树丛中。柏树和麦田之间零星分布着农舍，这既为凡·高提供了更多的创作素材，也让他有机会同外界的人接触。

有趣的是，凡·高只画过一次圣保罗精神病院的外景，这幅画名为《疗养院和小教堂的景色》（*View of the Asylum and Chapel*，图 96）。他把画架架在卧室楼下，面朝钟楼前的矮墙和一边集中在一团的房屋。早在凡·高的时代，疗养院里的修道院建筑和教堂就已经成了旅游景点，但这些古建筑却勾不起凡·高的兴趣——钟楼在画里只不过是生机勃勃的麦田和麦田上方绚丽多彩的天空的陪衬。他同样也没画过著名的罗马陵墓和凯旋之门，这两个景点离疗养院入口非常近，吸引了世界各地的画家前来观赏。

相反，凡·高的热情都在自然中。《橄榄树与阿尔皮勒山》（*Olive Trees with Les Alpilles*，图 97）最能说明这一点。这是一幅充满阳光的风景画，洋溢着绚丽的色彩和光线。这幅画活泼而有力，带有一种明显的动感，让人不禁联想到密斯托拉风，一种向南吹到地中海海岸的强季风。

赭色的大地在各形各色的阴影间流动，古老的橄榄树像是在舞动身姿，树干发狂般摆动着枝叶。戈西埃山的顶峰高耸在右，左边则是造型奇特的双孔峰，阿尔皮勒山脉此处细窄的峰顶遭受侵蚀，留下两个巨大的孔洞。

凡·高喜欢把橄榄树“闪着光的叶子和古老多节的树干”放在一起对比，这并不让人意外。《橄榄树与阿尔皮勒山》描绘了正午时分的场景，这是一天中光影最强烈的时候，凡·高在信中描述道：“人们可以看到绿色的甲虫和知了在蒸腾的热气里飞舞。”[16]

形似火苗的苍翠柏树也吸引了凡·高的眼球。凡·高倾慕柏树的优雅，认为它们外形美丽、比例匀称，“像埃及的方尖碑一样”[17]。从卧室往外看，他能看见一排排种在麦地边上的防风林。后来能出门去柏树林写生时，凡·高便会一心一意地研究柏树纠缠的结构，正是因为结构赋予的弹性和力度，柏树才能抵抗住来势汹汹的密斯托拉风。

柏树不仅外观引人注目，还具有深刻的象征意味，这也是它们吸引凡·高的原因。在古代，柏树象征着死亡和悼念。在基督教兴

图98.《麦田与柏树》，1889年6月，布面油画，73厘米×93厘米，藏于纽约的大都会艺术博物馆（F717）

起后，柏树因其四季常青且能活好几个世纪而被广泛种植在墓园里，成了永生的代表。

凡·高在普罗旺斯创作的最出彩的风景画当属《麦田与柏树》（*Wheatfield with Cypresses*，图98），画里囊括了许多他喜爱的题材。前边是成熟的小麦，风吹过泛起阵阵金色的麦浪，些许绯红的花朵点缀在其间。橄榄树星星点点地分布在麦浪间，两棵高大的柏树耸立在画面右侧。远处，阿尔皮勒山的峰顶直逼云霄。

这幅风景画引人入胜，完全展现了凡·高的创作才能。可惜的是，在疗养院的一年里，凡·高有好几段时间情绪失常，不能作画。在入院前，凡·高就曾在阿尔勒切下自己的耳朵，那是他首次也是最严重的一次精神失常。当时，他的精神完全失常，极度痛苦，不过在那之后，他发病的次数就变少了。

在圣保罗精神病院期间，凡·高一共发病四次。第一次发生在1889年7月中旬，当时他在附近的采石场画画，发作后他试图通过吃颜料来毒死自己。虽然他的身体几天就恢复了，但心理却花了近一个月才复原。第二次发生在圣诞前夕，正好是阿尔勒事件的一周年之际。第二次发作的时间很短，仅仅一周后，凡·高便恢复正常，重新开始作画。第三次在1890年1月下旬，发生于他短暂的阿尔勒之行的两天后，这次他恢复得也很快。最后一次发生在2月下旬，凡·高当时又去了一次阿尔勒，这次的发病时间最长，持续了将近两个月。

在凡·高这一时期创作的所有作品中，《星月夜》（图99）是现今他最受人喜爱的作品。令人惊讶的是，在创作这幅画的短短一周之内，凡·高还完成了《橄榄树与阿尔皮勒山》和《麦田与柏树》两幅油画。可以说，尽管凡·高此时身体状况不佳，但他在绘画上却达到了巅峰。

《星月夜》描绘了夜间的景象。画面中间靠下的位置有一座高耸的教堂，其原型很可能是疗养院附近的圣雷米教堂。凡·高明显夸大了教堂尖塔的高度，并把它原本的圆形穹顶改成了斜尖屋顶，让它看起来更有家的感觉。教堂周围散布着一栋栋低矮的民居，民居的窗户在夜空下散发出柔和的光线，表明屋里生活着一户户人家。对住在疗养院的人而言，这些民居比起冷清的单人间要温暖迷人得多。

不过，画面的焦点不是村庄，而是柏树，这不禁让人联想到了凡·高不久前才完成的作品《麦田与柏树》。柏树盘绕着向上，直

图99.《星月夜》，1889年6月，布面油画，74厘米×92厘米，藏于纽约的现代艺术博物馆（F612）

插天际，有力地将天与地连在了一起。凡·高用充满激情的笔触捕捉到了柏树傲人的姿态。

橄榄树低调地簇拥着村庄，叶子在月色里微微闪着银光。阿尔皮勒山也在月光下显现出轮廓来。然而，实际上阿尔皮勒山应该在相反的方向，即凡·高的背面，因为他正对着圣雷米教堂。在这幅画中，凡·高还再现了《麦田与柏树》中连绵起伏的山脉。

整幅画中最引人注目的当属充满动感的夜空。新月在一圈金色光晕里颤动，发出太阳般耀眼的光芒。奇怪的是，月光并没有像寻常那样直接照到村庄上，教堂像是被月亮的反光照亮的。山峦上方的白色条纹像是云，像是雾，也有可能代表着银河。

可以说，《星月夜》象征着凡·高在疗养院的生活。尽管在住院的大部分时间里，凡·高都头脑清醒，勤勤恳恳地工作着，但也有许多次发病让他堕入黑暗而无法作画。不过，他每次都能振作精神，走出绝望的深渊，重入光明，再次拿起画笔。在圣保罗精神病院中，凡·高一直在与生活和绘画上的困难进行斗争，这幅充满生机的画作就是有力的证明。

1889 年 9 月，凡·高第一次在圣保罗精神病院发病，但恢复后他立即重新投入创作，开始对着镜子绘制《手持调色盘的自画像》（*Self-Portrait with Palette*，本书封面图）。他在给提奥的信中写道："那天一起床我就开始画这幅画了。我现在身体消瘦，脸色苍白得像鬼一样。"[18] 几周前，凡·高才吞下颜料企图毒死自己，现在他却用同样的颜料进行创作。

不到一周，凡·高又完成了两幅自画像，其中之一就是那幅以旋涡为背景的传世之作（图 100）。画中，画家直视前方，深陷的双眼坚定，甚至有些目中无人地盯着观者。他严肃而疏远的神态似乎暗示着他是为了保护自己免受疗养院里的侮辱才故作威严的。

该画的另一大特色便是背景中热情洋溢、充满动感和韵律的蓝绿色笔触。人们通常认为这些旋涡状的笔触反映了凡·高本人精神的混乱。不过，凡·高也有可能只是单纯地想用不同的蓝色创造出富有生机的画面，同时让他天蓝色的上衣和蓝色的背景之间保持平衡。

在对着镜子画自画像的过程中，凡·高一定回想过从在阿尔勒发病以来自己所经历的变化。他本应已经习惯看到自己左耳上的疤痕，但他的面部表情里仍残留着痛苦。凡·高在给提奥的信中写道："人们总是说……难以认清自己，但我觉得一个人也同样难以画出

图100.《旋涡状背景自画像》，1889年9月，布面油画，65厘米×54厘米，藏于巴黎的奥赛博物馆（F627）

图101.圣保罗精神病院外的修女，约1950年，明信片

自己。”[19]凡·高在圣保罗精神病院一共创作了三幅自画像，在这些画里他总是下意识地露出没有受伤的那一侧耳朵。

此时，凡·高已经在圣保罗精神病院（图101）待了快一年，他越来越坐立不安，急于出院回到北边。而且，他在圣保罗精神病院一共发病过四次，深感疗养院里的环境对他的恢复没有帮助。当时，人们对精神疾病知之甚少，因此也很少有对应的治疗方法。尽管佩龙医生很关照他，一直监控着他的状态，但他并没有得到有效的治疗，病情总是反复发作。凡·高写信给提奥，说：“我觉得，把疗养院里的疯子都聚在一起是一件危险的事情，这很可能会让那些头脑还清醒的人也丧失理智。”[20]

凡·高坚信是时候离开了，于是他同时向提奥和佩龙医生施压，迫使他们同意自己出院。此时距离凡·高上一次发病才过了两周，不过他的弟弟和医生最终还是勉强同意了他出院的要求。在疗养院的记录里，佩龙医生宣称凡·高已经“康复”[21]。

即便在今天，医学专家们在凡·高的病因上也没有达成一致。除了癫痫，其他比较可信的说法还有循环性精神病和边缘型人格障碍，目前被广泛接受的说法是双相情感障碍，也就是所谓的躁狂抑郁症。[22] 凡·高对他自己的情况显然一无所知，只知道医生把他的病称为癫痫。

5 月 13 日，佩龙医生正式同意了凡·高的出院要求。凡·高得知消息后赶忙收拾好行囊，前往火车站托运行李。在 20 多年无休止的旅行里，凡·高全部的行李也就是画架、一些画框和绘画材料，他将这些东西都塞进了总共不过 30 千克重的行李箱里。在圣保罗精神病院期间，凡·高一共完成了 150 多幅画，他每隔几个月都会寄画给提奥，现在他将在此创作的最后一批画一部分装进行李箱托运，另一部分他会在几天后随身带上火车。

在提着箱子去车站的路上，时隔许久，凡·高“再度见到了熟悉的乡间风景——雨后的一切都很清新，到处都是鲜花”。在圣保罗精神病院写给提奥的最后一封信里，凡·高幻想着自己如果身体健康也许能取得一些成就，他写道：“我本可以做到更多事情的”。[23]

三天后，凡·高最后一次走出疗养院的大门，离开圣保罗精神病院。提奥叮嘱他带一个同伴一起来巴黎，但凡·高坚持要自己一个人走。1890 年 5 月 16 日，凡·高告别佩龙医生，和一名护工一同前往塔拉斯孔，然后在那里转车去巴黎。那天夜里，凡·高坐在车厢里，独自沉思，心里期待着与提奥、乔和他们新生的宝宝见面。

《奥维尔教堂》（参见第199页，图104）局部细节图

第十三章：安息之地

奥维尔真是太美了。
许多以前的事物都很美，比如茅草屋，不过它们越来越少见了……
奥维尔是这片土地的中心，独特且古雅。[1]

地点：奥维尔
时间：1890 年 5 ~ 7 月

提奥同意凡·高搬到北边来，并建议兄长在巴黎郊外瓦兹河畔的奥维尔安顿下来。奥维尔是一个迷人的小镇，历来受到画家们的追捧，画家卡米耶·毕沙罗就十分推崇此地。此外，这里也是保罗·加歇的家乡，他不仅是一名医生，还是一名业余画家、收藏家和印象派的支持者，同凡·高可谓志趣相投。因此，他似乎是照看凡·高的不二人选。

1890 年 5 月 17 日早晨，凡·高抵达巴黎里昂火车站，提奥前来接他回家。一年前，提奥和乔结婚后就从勒比克街搬到了靠近皮加勒区的公寓。在公寓里，凡·高第一次见到了乔和他不到五个月大的侄子。乔对凡·高的拜访感到既惊讶又开心，她后来回忆道："我原以为会见到一个病秧子，但来的是一个健壮的男人，肩膀宽阔、气色健康、面带微笑、神情坚定。"[2]

不过，这番风度显然都是凡·高故意伪装出来的。在与世隔绝的乡村环境里待了一年后，他发现巴黎压抑得让人喘不过气来。也许有人以为他会乐于和提奥一家待在一起，同老朋友见见面，或者

奥维尔附近的麦田

去巴黎的美术馆里欣赏画作，但实际上仅仅三天后他就打算离开了。5 月 20 日，凡·高再次搭火车前往他的新家，路上花了大约一个小时。

巴黎以北 30 千米处的奥维尔是一处宜人的度假胜地，由于距离首都很近，它吸引了众多风景画家前来。印象派先驱夏尔-弗朗索瓦·多比尼精于江河风景画，在 1878 年去世前他一直都住在奥维尔。1872 ~ 1882 年，塞尚也曾多次来奥维尔作画。1866 ~ 1883 年，毕沙罗住在附近的蓬图瓦兹，其间也不时会步行来奥维尔作画。

奥维尔小镇沿着瓦兹河谷向北延伸，火车站就在教堂的下面，往西走几分钟就到了镇公所。再往远处，沿着山谷蜿蜒而下，一串串村庄屋舍一直通往蓬图瓦兹。从瓦兹河谷出发，往上爬很短一段路就能见到肥沃的农田，这些农田散布在连绵起伏的山丘上。

凡·高在镇公所对面的咖啡馆（拉乌旅店）找了住处，咖啡馆的主人是葡萄酒经销商亚瑟·古斯塔夫·拉乌及其妻子艾德琳·路易斯（图 102）。这对夫妻把楼上的七个房间都租了出去，通常是租给前来游览的画家。凡·高租下了阁楼里的一个小房间（图 103）。凡·高再一次在窄墙上钉上一些他最爱的版画，来营造家的氛围。他还在床头和床尾各挂了一幅日本画，一幅是关于母亲和儿子的画，另一幅是关于艺妓和侍从的画。

凡·高住的阁楼房间只有一扇小小的天窗，基本不能用来做画室。幸运的是，咖啡馆后头的一楼有一间“画家专用房”，许多常驻于此的画家都会共享这间房。画家安东·赫西格便是其中之一，这个 23 岁的荷兰小伙就睡在隔壁的阁楼房间里。几十年后赫西格回忆起凡·高时说：“我仍能想到他坐在那家小咖啡馆窗前的长凳上的样子，耳朵被割掉了一块，眼神里写满了困惑。”[3]

图102.奥维尔镇公所对面的咖啡馆（拉乌旅店），从左至右分别为亚瑟·古斯塔夫·拉乌、幼女杰曼妮，站在门口的高个女子是长女艾德琳，摄于1890年

拉乌夫妇育有两女，13 岁的艾德琳和两岁的杰曼妮。抵达奥维尔一个月后，凡·高为他们的长女画了三幅画像。60 多年后，年近八十的艾德琳谈起这位画家，还补充了一些大概是从她父母那听说的故事。她回忆称，这个荷兰人生活很有规律："每天九点左右，他会带着画架和颜料盒去野外画画，嘴里一直叼着烟斗。中午他会准时回来吃午饭。下午他一般会去'画家专用房'继续画画。"[4]

图103.凡·高生前的卧室，位于奥维尔镇公所对面的咖啡馆（拉乌旅店），约20世纪50年代，明信片

左图
图104.《奥维尔教堂》，1890年6月，布面油画，93厘米×75厘米，藏于巴黎的奥赛博物馆（F789）

右图
图105.奥维尔天主教堂，约20世纪30年代，明信片

在凡·高初到奥维尔时画下的作品中，《奥维尔教堂》（*Church at Auvers*，图 104）算是一幅尽显精湛技艺的佳作。教堂的照片（图 105）和原画之间的差异向我们展示了凡·高是如何拓宽画中教堂的前景视角及凸显两条小径的。整幅画构图宏伟，不过凡·高更注重的还是配色，他是这么形容这幅画的："天空是一片深沉而纯净的钴蓝色。穹顶之下，房屋微微透着紫意，花窗玻璃像是一块块深蓝色的补丁。屋顶上紫色及橙色和谐共存。屋前有一小块地，里面长着花花草草，地里的沙子是粉红色的。" 凡·高还把这幅画和他先前在纽南画过的教堂的旧塔楼和墓地（参见第 93 页，图 47）进

图106.《雨后的麦田》，1890年7月，布面油画，73厘米×92厘米，藏于匹兹堡的卡内基艺术博物馆（F781）

行比较，并写道："现在的画色彩更加绚丽，更有表现力了。"[5]

在奥维尔，凡·高最爱的莫过于麦田，麦田从河谷上头一直向北延展。他写信给母亲安娜，说："我完全沉浸在山边无垠的麦田之中，它宽广似海，犁过的土地还除了草，既是柔和的黄，也有浅浅的绿，还带淡雅的紫。中间每隔一段路就种着土豆，绿绿的叶子，正开着花。多彩的天空笼罩在这一切之上，浅蓝的、白的、粉的、紫的。"[6] 凡·高最终为这片开阔的田野景色画了十几幅画。

《雨后的麦田》（*Wheatfields after the Rain*，图 106）是在郊外一处高地上画成的，描绘了一地混杂的青与黄。近处的田地稍稍朝向右边，远处的则摆向另一边，整幅画面顿时变得有趣了起来。

图107.《奥维尔的雨》，1890年6～7月，布面油画，50厘米×100厘米，藏于卡迪夫的威尔士国家博物馆（F811）

画里的一大亮点是天边的云带，近处的云松软而明亮。

凡·高在奥维尔的一大创新是1米宽、0.5米高的大幅风景画，他一共创作了12幅这样规格的油画。其中就包括《奥维尔的雨》（*Rain, Auvers*，图107），这幅画描绘了他心爱的麦田。画面最左侧是教堂的塔楼，出于防护目的，奥维尔人将塔楼都建在了河谷中。凡·高用斜线来表示倾盆大雨，这一手法很可能源自日本画家歌川广重（凡·高曾收藏了这位画家的版画）。前景处隐约可辨几只乌鸦，正凶猛地从空中俯冲下来。

另一幅比较出彩的油画是《暮色时分》（*Landscape at Twilight*，图108）。画面中，在亮堂的暮色天空下，一条小路蜿蜒通向建于17世纪的奥维尔城堡。凡·高把整幅画描述为："两棵全黑的梨树映衬着泛黄的天空和麦地，紫色背景的城堡掩映在幽暗的草木中"[7]。

凡·高在奥维尔的日子似乎过得很好，在疗养院与世隔绝了一年之后，能和志趣相投的人同住旅店想必是一次极大的身心解放。

图108.《暮色时分》，1890年6月，布面油画，50厘米×101厘米，藏于阿姆斯特丹的凡·高博物馆（文森特·凡·高基金会）（F770）

他又恢复了自由，可以随意进出、独自生活，周围有画家做伴，离弟弟一家也不远。6 月 8 日，提奥和乔带着小宝宝一起到奥维尔拜访凡·高。据乔回忆，凡·高在火车站迎接了他们一家，还带了“一个鸟窝给他的小侄子当玩具，鸟窝也和小侄子的名字同音”[8]。一个月后，凡·高抽空回巴黎看望提奥一家，那天中午图卢兹-劳特累克也来到提奥家与他们共进午餐。不过，到了下午，凡·高觉得很累，就提前回了奥维尔。

几天后，凡·高画出了《麦田里的乌鸦》（*Wheatfield with Crows*，图 109），这是他在奥维尔画过的最震撼人心的作品。三条逐渐消失的小路、险恶的天气、不祥的鸦群，这些意象的组合被认为是凡·高精神状态不佳的反映。在许多报道中，这幅画被称为凡·高最后的作品，但实际上它并不是。[9]

凡·高的离世来得突然，给他在奥维尔的朋友们带来了巨大的打击，他们完全没有意料到将要发生的悲剧。1890 年 7 月 27 日下午，

图109.《麦田里的乌鸦》，1890年7月，布面油画，51厘米×103厘米，藏于阿姆斯特丹的凡·高博物馆（文森特·凡·高基金会）（F779）

凡·高离开咖啡馆，随身带着一把枪，这把枪可能是拉乌夫妇的。那天傍晚，他把左轮手枪对准了自己。同之前在阿尔勒和圣保罗精神病院时一样，他的精神再一次失常，精神疾病发作造成了这场自杀。[10] 子弹射入了他的胸膛，但并未立即致命。

令人吃惊的是，凡·高还能蹒跚着回到咖啡馆，并爬上楼梯进入自己的房间（参见第198页，图103）。几分钟后，拉乌听到了呻吟声，急忙跑上楼，发现他的住客身受重伤，瘫在了床上。当晚9点，加歇医生赶到旅店，但由于没法安全取出子弹，他也无能为力。第二天一早，赫西格赶到巴黎通知提奥这个坏消息，提奥闻讯后火速赶往奥维尔，刚过正午就抵达了。

提奥坐在小阁楼房间里的床边，无助地看着兄长的生命慢慢消逝。当天晚些时候，悲痛的提奥写信给正在阿姆斯特丹的妻子乔，告诉了她正在发生的悲剧："可怜的人啊，他一生没有享过太多福，不过他再也不会被幻觉折磨了。他总是孤身一人，这份孤独有时是

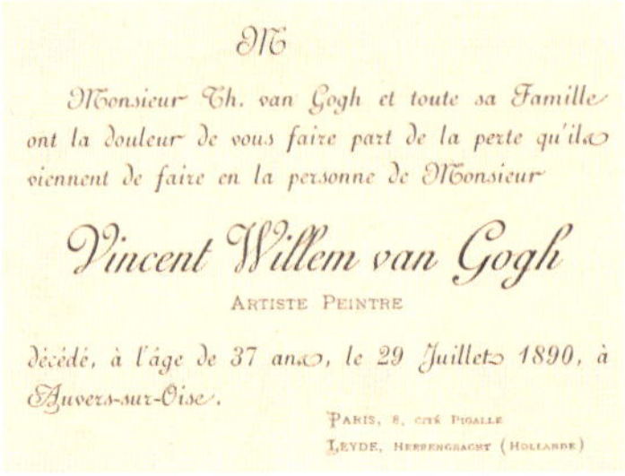
M

Monsieur Th. van Gogh et toute sa Famille
ont la douleur de vous faire part de la perte qu'ils
viennent de faire en la personne de Monsieur

Vincent Willem van Gogh

ARTISTE PEINTRE

décédé, à l'âge de 37 ans, le 29 Juillet 1890, à
Auvers-sur-Oise.

PARIS, 8, CITÉ PIGALLE
LEYDE, HERRENGRACHT (HOLLANDE)

图110.凡·高的死亡通告，1890年7月29日，藏于凡·高博物馆档案室（b1494）

他也承受不住的。”[11]弥留之际，凡·高还在抽着他的烟斗，但他的身体虚弱得很快。1890年7月29日凌晨1点30分，凡·高咽下了最后一口气（图110）。

心碎的提奥又写了一封信给乔，说他的兄长“终于找到了他生前一直没能找到的平静”[12]。这位37岁的旅者一直在追寻磨炼画技的机会，他终于停下了脚步。一天后，凡·高被安葬在墓地里一块阳光照耀着的地方，附近就有他心爱的金色麦田。

灵车从镇公所咖啡馆出发，一小拨凡·高的朋友紧跟在灵车后边。队伍沿着奥维尔的主干道行进，经过教堂，最后到达墓地。路上，人们静默地缅怀着凡·高。次日，凡·高最忠实的朋友伯纳德回顾了当时的情景：“那天太阳很烈，外头非常热，我们爬上奥维尔郊外的山，谈起他的经历，谈起他在绘画上无畏的冲劲，谈起他一直想要达成的宏大目标，谈起他对我们所有人的好。”[13]

六个月后，提奥离世，死因是梅毒。对提奥而言，这是一个十分痛苦的结局；对乔而言，这是一段折磨人的时间，两人不到两年的婚姻就此终结。起初，提奥被葬于乌德勒支——他住院的地方。1914年，乔着手安排将丈夫的遗体转移到了奥维尔——凡·高的身边。如今，两兄弟肩并肩地在此长眠，两座墓碑前常春藤缠绕相连（图111）。

图111.凡·高和提奥在奥维尔的坟墓

从津德尔特到奥维尔：凡·高住所年表

津德尔特

1853年3月30日：文森特·威廉·凡·高（后简称为凡·高）生于津德尔特（集市26号），是牧师提奥多洛斯和安娜·凡·高·卡本图斯的长子。
1855年2月17日：凡·高的妹妹安娜出生。
1857年5月1日：凡·高的弟弟提奥出生。
1859年5月16日：凡·高的妹妹伊丽莎白（丽斯）出生。
1862年3月16日：凡·高的妹妹维尔米恩（维尔）出生。
1867年5月17日：凡·高的弟弟科内利斯（科尔）出生。

泽文伯根

1864年10月～1866年8月：凡·高就读泽文伯根寄宿学校（A40大街，今车站16号）。

蒂尔堡

1866年9月～1868年3月：凡·高就读蒂尔堡高中（威廉广场，今市政厅广场128～130号），其间寄宿于汉尼克家中（科尔维尔街57号，今圣安娜广场18～19号）。

海牙

1869年7月30日：凡·高入职古皮尔公司海牙分店（广场14号），该店原为凡·高叔叔文森特（森特）所有。其间，凡·高寄宿于威廉和迪娜·鲁斯家（比斯滕马克特街32号）。
1871年1月29日：凡·高一家从津德尔特搬到赫尔瓦特（塔街47号）。
1873年1月6日：提奥入职古皮尔公司布鲁塞尔分部。

伦敦

约1873年5月19日：凡·高先去了巴黎几天，后搬到伦敦，就职于古皮尔公司伦敦分部。画店位于南安普顿大街17号，由查尔斯·奥巴赫经营。住宿地址未知，可能在南伦敦。

1873年8月下旬：凡·高寄宿在乌苏拉·罗耶家中（海克福特街87号），罗耶有女名为尤金妮娅。

1873年11月12日：提奥被调往古皮尔公司海牙分部工作。

1874年8月上旬：凡·高与罗耶母女发生争执，可能起因于一场无果的情事。

1874年8月中旬：凡·高寄宿在旅店老板约翰·帕克家中（肯宁顿街395号常青藤小屋）。凡·高的妹妹安娜在去韦林市工作前在伦敦短暂停留（7月15日～8月24日），与凡·高同住。

1874年10月26日：凡·高暂时被调往古皮尔公司巴黎总部（沙普塔尔街9号）。

1874年12月下旬：凡·高在赫尔瓦特与家人共度圣诞。

1875年1月初：凡·高返回伦敦。古皮尔收购托马斯·霍洛威的画店（贝德福德街25号）并从南安普顿街搬迁至贝德福德街。

1875年5月中旬：凡·高再次被调往古皮尔公司巴黎总部。从7月初起，凡·高便住在蒙马特区某处，后来同事哈里·格拉德韦尔也搬来同住。

1875年10月18日：凡·高父母从赫尔瓦特搬至埃滕（罗森达尔街4号）。

1875年12月24日～1876年1月3日：凡·高在埃滕与家人共度圣诞。

1876年1月4日：凡·高回到古皮尔公司巴黎总部后不久，便于3月底被解雇。

1876年4月1日～14日：凡·高回到埃滕看望家人。

拉姆斯盖特

1876年4月16日：凡·高搬往拉姆斯盖特，在当地一所寄宿学校（皇家路6号）任助教，学校由威廉·斯托克斯及其妻子莉迪亚管理。凡·高在学校附近住宿（斯宾塞广场11号）。

艾尔沃斯

1876年6月下旬：凡·高搬至艾尔沃斯，斯托克斯在林克菲尔德大楼新开了一所学校（特威克纳姆街183号）。

1876年7月上旬：凡·高转入另一所学校，学校位于霍姆庭院（特威克纳姆街158号），由牧师托马斯·斯雷德-琼斯和其妻安妮管理。
1876年12月20日：凡·高和妹妹安娜回到埃滕准备过圣诞节。

多德雷赫特

1877年1月9日：凡·高搬至多德雷赫特，在布卢塞与范布拉姆书店做助理（沃尔街C1602号，今谢弗广场），其间寄宿在皮耶特·里肯和玛利亚·里肯家（近水的托尔布卢戈街A312号）。

阿姆斯特丹

1877年5月14日：凡·高搬至阿姆斯特丹学习拉丁语和希腊语，为学习神学做准备。其间，凡·高寄宿在叔叔扬·凡·高家中（大卡滕堡格街3号），叔叔为当地海军造船厂的主管。

布鲁塞尔

1878年8月26日：凡·高搬至布鲁塞尔附近的莱肯，进入佛兰芒传教士培训学院学习（圣凯瑟琳广场5号），其间寄宿在教会官员皮尔特·普拉奇家（阿卡迪亚街6号）。

博里纳日

1878年12月上旬：凡·高以传教士的身份前往博里纳日，在佩图莱吉斯短暂停留，同行的还有传教士本杰明·范德海根（教堂路39号）。
1878年12月下旬：凡·高前往瓦梅斯/科尔丰泰恩继续传教，其间寄宿在农民约翰-巴普蒂斯特·丹尼斯和其妻爱斯特拉·丹尼斯家（小瓦梅斯街81号，今威尔逊大街221号）。
1879年8月上旬：凡·高前往奎斯梅斯进行传教。寄宿在爱德华·弗朗克和其妻赛勒斯特家中（凉亭街5号），弗朗克既是矿工也是牧师。
1880年6月前后：凡·高搬到隔壁的矿工查尔斯·德克鲁克家中（凉亭街3号），同住的还有查尔斯的妻子珍妮·德克鲁克。
1880年8月：凡·高立志成为一名画家。

布鲁塞尔

1880年10月中旬：凡·高搬至布鲁塞尔（米迪大道72号），并于12月进入皇家美术学院学习。

埃滕

1881年4月下旬：凡·高回到埃滕的父母家（罗森达尔街4号）

海牙

1881年12月25日：凡·高搬至海牙（施恩韦格街138号，今亨德里克·哈默尔街8～22号）。
1882年1月：凡·高遇见西恩·霍尔尼克。
1882年7月2日：西恩的儿子威廉·霍尔尼克（后姓凡·维克）出生。
1882年7月上旬：凡·高搬至隔壁（施恩韦格街136号，今亨德里克·哈默尔街8～22号）。
1882年8月上旬：凡·高父母从埃滕搬至纽南（伯格街F523号，今伯格街26号）。

德伦特

1883年9月11日：凡·高前往德伦特，途中在霍赫芬短住，住在阿尔贝图斯·哈修克家中（大教堂巷51号，今教堂街；或多蒂伊克街446号，今佩塞街24号）。
1883年10月2日：凡·高搬至新阿姆斯特丹，寄宿在亨德里克·斯科尔特家中（E34，今凡·高街1号，维努德）。

纽南

1883年12月5日：凡·高回到纽南父母家（伯格街F523号，今伯格街26号）。
1884年5月上旬：凡·高在乔纳斯·沙夫拉特和阿德丽亚娜·沙夫拉特家中租借画室（海因德街F540号）。
1884年9月中旬：玛格丽特·贝格曼尝试自杀。
1885年3月26日：父亲提奥多洛斯去世。

安特卫普

1885年11月24日：凡·高前往安特卫普，寄宿在威廉·布兰德尔及其妻子安娜家（图片街194号，今224号）。

1886年1月18日：凡·高进入皇家美术学院学习。

巴黎

1886年2月28日前后：凡·高搬至巴黎，与提奥同住（拉瓦尔街25号，今维克多·马赛街）。

1886年3月上旬：凡·高进入费尔南德·柯罗蒙开办的画室学习绘画，直至6月上旬。

1886年6月上旬：提奥和凡·高搬至勒比克街54号。

1887年12月：凡·高遇见保罗·高更。

阿尔勒

1888年2月20日：凡·高前往阿尔勒，住进卡雷尔旅店，旅店老板为阿尔伯特·卡雷尔和凯瑟琳·卡雷尔（骑兵街/阿米迪·皮乔街30号）。

1888年5月1日：凡·高租下黄房子（拉马丁广场2号）作为画室。

1888年5月7日：凡·高开始住宿在火车站咖啡馆（拉马丁广场30号），咖啡馆由约瑟夫·吉诺和玛丽·吉诺经营。

1888年6月第一周：凡·高前往地中海海岸的圣马迪拉莫参观。

1888年9月17日：凡·高住进黄房子。

1888年10月23日：保罗·高更抵达阿尔勒。

1888年12月10日前后：提奥在巴黎遇见乔（乔安娜）·邦格。

1888年12月17日前后：提奥与乔订婚。

1888年12月23日：凡·高收到提奥告知他已订婚的信。当晚凡·高切下自己的耳朵，这也导致高更于两日后离去。

1888年12月24日：凡·高在神社医院（今菲利克斯·雷伊广场）得到救治。次年1～2月，凡·高有时会回黄房子睡觉（后来在黄房子里工作），但多数晚上会待在医院病房，这样的状态一直持续到他离开阿尔勒。

1889年4月18日：提奥和乔·邦格在阿姆斯特丹成婚。

圣保罗精神病院

1889年5月8日：凡·高前往普罗旺斯地区圣雷米市郊外的圣保罗精神病院。
1890年1月31日：提奥和乔的儿子文森特·威廉出生。

奥维尔

1890年5月17日：凡·高前往巴黎看望提奥和乔。
1890年5月20日：凡·高前往奥维尔，寄宿在镇公所对面的咖啡馆（拉乌旅店）（镇公所广场2号，今戴高乐将军大街52～56号），咖啡馆老板为亚瑟·古斯塔夫·拉乌和其妻子艾德琳·路易斯。
1890年7月27日：凡·高朝自己胸口开枪。
1890年7月29日：凡·高因枪伤于旅店卧室中不幸逝世，次日葬于奥维尔公墓。

尾注

序言（第1～7页）

1. 书信656（1888年8月6日）。
2. 书信243（1882年7月4日）。
3. 书信245（1882年7月6日和7日）。
4. 书信245（1882年7月6日和7日）。
5. 书信626（1888年6月16～20日）。
6. 书信605（1888年5月7日）。
7. 书信678（1888年9月9～14日）。
8. 书信674（1888年9月4日）。
9. 书信18（1874年2月9日）。
10. 书信411（约1883年12月8日）。
11. 书信509（约1885年6月22日）。

第一章：童年（第8～15页）

1. 书信274（1882年10月22日）。
2. 马可福音第10章第14节和路加福音第18章第16节。
3. 书信110（1877年4月8日）。
4. 书信741（1889年1月22日）。
5. 书信811（约1889年10月21日）。

第二章：艺术品商人（第16～27页）

1. 书信15（1873年11月19日）。
2. 书信5（1873年3月17日）。
3. 《凡·高全集》中的乔·邦格的回忆部分，泰晤士和哈德逊出版社，1958，第一卷第24页。

4. 书信13（1873年9月13日）。
5. 安娜写给提奥的信，1874年1月6日（凡·高博物馆档案室收藏，b2679）。安娜用英文写作以练习英语。
6. 母亲安娜写给提奥的信，1874年8月15日（凡·高博物馆档案室收藏，b2715）。
7. 要了解更多凡·高旅居英国时的细节，请看卡罗尔·雅克比主编的《凡·高与英国》，伦敦泰特美术馆，2019。
8. 书信12（1873年8月7日）。
9. 书信39（1875年7月24日）。
10. 书信394（1883年10月12日）。
11. 书信57（1875年11月9日）。
12. 书信37（1875年7月6日）。
13. 书信67（约1876年1月24日）。

第三章：探索阶段（第28 ~ 33页）

1. 书信96（1876年11月3日）。
2. 凡·高在1874年皇家美术学院举办的夏季展览上见到了这幅画（现藏于阿姆斯特丹的凡·高博物馆），他之后在上司查尔斯·奥巴赫家中看到了一份稍有不同的研究这幅画的资料。
3. 书信98（1876年11月17日和18日）。
4. 《凡·高全集》中格里茨的回忆部分，泰晤士和哈德逊出版社，1958，第一卷第112页。
5. 书信154（1879年8月11 ~ 14日）。

第四章：矿工中的传教士（第34 ~ 43页）

1. 书信693（1888年10月2日）。
2. 书信151（1879年4月1 ~ 16日）。
3. 书信151（1879年4月1 ~ 16日）。
4. 书信151（1879年4月1 ~ 16日）。

5. 书信158（1880年9月24日）。
6. 书信158（1880年9月24日）。
7. 书信164（1881年4月2日）。

第五章：回归家庭（第44~53页）

1. 书信174（1881年10月12日）。
2. 书信167（1881年5月下旬）。
3. 书信175（1881年10月12~15日）。
4. 书信179（1881年11月3日）。
5. 书信228（约1882年5月16日）。
6. 书信193（约1881年12月23日）。
7. 书信194（1881年12月29日）。
8. 书信194（1881年12月29日）。

第六章：与西恩同居（第54~71页）

1. 书信382（约1883年9月6日）。
2. 书信194（1881年12月29日）。
3. 书信199（1882年1月8~9日）。
4. 她的名字在不同文件中叫法不一，有克里斯蒂安、克拉辛纳和克里斯蒂娜，凡·高一般叫她名字的简称，西恩。
5. 书信224（约1882年5月7日）。
6. 书信224（约1882年5月7日）。
7. 书信225（约1882年5月10日）。
8. 书信234（1882年6月1日和2日）。
9. 尽管一年后凡·高给出了威廉的出生时间是7月1日（书信358，1883年7月），但威廉确切的出生时间是1882年7月2日凌晨1:30。
10. 书信246（1882年7月15日和16日）。
11. 书信342（约1883年5月10日）和书信301（约1883年1月13日）。
12. 书信358（1883年7月2日）。
13. 书信271（1882年10月8日）。

14. 书信248（1882年7月19日）。
15. 书信247（1882年7月18日）。
16. 书信391（1883年9月28日）。
17. 书信259（1882年8月26日）。
18. 书信379（1883年8月23～29日）。
19. 在某些文献中拼为Franciskus。
20. 登载于《马塔夫》杂志，1958年9月，第422页［译成英文后登载于《文森特》（报刊）上，1971年春，第21页］。胡尔斯克详细的研究笔记现藏于凡·高博物馆，他指出西恩的死亡日期为1904年11月12日，但实际上是1904年11月22～23日。
21. 威尔基，1990，第183页（威尔基援用了胡尔斯克的资料，但他可能误解了胡尔斯克的意思）。
22. 卡罗尔·泽梅尔：《凡·高的进步》，加州大学出版社，1997，第52页。
23. 我非常感谢荷兰艺术史学家马洛伊斯·赫斯坎普，他在《鹿特丹报》找到了1904年11月23日的那篇文章，帮助我由此找到了其他的报道文章。
24.《海牙新闻报》中的一则短讯（1905年11月24日）称她的年龄在“40岁左右”［图36（3）］。
25. 阿诺德和西恩住的韦尔马特街位于城中心，它在战时被炸毁，如今这条独立街道与鹿特丹市同名，位于鹿特丹最北部。

第七章：偏远北境（第72～81页）

1. 书信392（约1883年10月3日）。
2. 书信381（约1883年9月5日）和书信379（1883年8月23～29日）。
3. 书信382（约1883年9月6日）。
4. 书信382（约1883年9月6日）。
5. 书信385（1883年9月11日和12日）。
6. 书信385（1883年9月11日和12日）。
7. 书信386（约1883年9月14日）。
8. 书信390（约1883年9月26日）。
9. 书信395（1883年10月12～13日）。

10. 书信395（1883年10月12～13日）。
11. 书信392（约1883年10月3日）。
12. 戴克与范·德斯路易斯，第148～152页。
13. 书信409（约1883年12月6日）。
14. 书信409（约1883年12月6日）。

第八章：《吃土豆的人》（第82～103页）

1. 书信574（1887年10月下旬）。
2. 提奥多洛斯写给提奥的信，1883年12月20日（凡·高博物馆档案室收藏，b2250）。
3. 书信410（约1883年12月7日）。他写下这句话，在寄出信之前又把它划掉了。
4. 书信413（约1883年12月15日）。
5. 书信416（1883年12月21日）。
6. 书信417（约1883年12月26日）。
7. 书信417（约1883年12月26日）。
8. 书信440（约1884年3月20日）。
9. 书信507（约1885年6月9日）。
10. 《凡·高全集》中科斯迈克斯回忆部分，泰晤士和哈德逊出版社，1958，第二卷第445～446页。
11. 书信456（约1884年9月16日）。
12. 书信456（约1884年9月16日）。
13. 书信458（约1884年9月21日）。
14. 提奥多洛斯写给提奥的信，1884年10月2日（凡·高博物馆档案室收藏，b2257）。
15. 维尔写给莱恩·克鲁伊塞的信，1886年8月26日（凡·高博物馆档案室收藏，b4536）。
16. 书信486（1885年3月27日）。
17. 伊丽莎白·杜·奎恩·凡·高：《关于凡·高的个人回忆》，霍顿·米夫林出版公司，1913，第44页。

18. 书信475（约1884年12月14日）。
19. 书信497（1885年4月30日）。
20. 书信497（1885年4月30日）。
21. 书信499（约1885年5月2日）。
22. 书信507（约1885年6月9日）。
23. 书信507（约1885年6月9日）。
24. 书信539（约1885年11月7日）。
25. 书信539（约1885年11月7日）。
26. 《凡·高全集》中科斯迈克斯回忆部分，泰晤士和哈德逊出版社，1958，第二卷第449页。
27. 书信537（约1885年10月28日）。

第九章：城市生活（第104～113页）

1. 书信551（约1886年1月2日）。
2. 书信545（1885年11月28日）。
3. 书信543（约1885年11月20日）。
4. 书信545（1885年11月28日）。
5. 书信547（1885年12月14日）。
6. 书信569（1886年9月或10月）。
7. 目前还不清楚这幅水彩画是在1886年初完成的，还是由于利文斯为了复刻而在早期的素描版本上添加水彩而来。这幅画的黑白版曾发表在布鲁塞尔的杂志《今日与明日》上。1904年，这幅画归海牙收藏家希德·尼兰德所有，但后来就失踪了。（泰奥·梅登多普：《文森特·凡·高的素描与版画》，库勒-穆勒博物馆收藏，2007，第416页）

第十章：狂野蒙马特（第114～137页）

1. 书信569（1886年9月或10月）。
2. A.S.哈特里克：《后印象主义》，伦敦艺术大学传媒学院，1916，第7页。
3. A.S.哈特里克：《后印象主义》，伦敦艺术大学传媒学院，1916，第13~14页。
4. 《笔尖》，1891年9月。

5. 安德里斯·邦格写给亨德里克·邦格和赫尔米纳·邦格的信，1886年4月12日（凡·高博物馆档案室收藏，b1841）。
6. 书信569（1886年9~10月）。
7. 《凡·高：新的发现》中泰奥·梅登多普回忆部分，凡·高博物馆，2012，第97~116页。
8. 德沙耶斯的住址记载在《贸易年鉴》中，迪多·宝田出版社，1889。1891年巴黎选举名册亦有记载。杜哈梅尔的住址记载在1889年1月30日的一份英国专利申请中。
9. 《凡·高全集》中乔·邦格的回忆部分，泰晤士和哈德逊出版社，1958，第一卷第40页。
10. 《法兰西信使》，1893年4月，第328页。
11. 提奥写给卡罗琳·范·斯托康·哈内贝克的信，1887年7月10日（凡·高博物馆档案室，b727）。
12. 书信569（1886年9月或10月）。
13. 书信626（1888年6月16~20日）。
14. 书信626（1888年6月16~20日）。
15. 弗朗索瓦·高济，《我的朋友图卢兹-劳特累克》，斯皮尔曼出版社，1957，第14页。
16. 吕西安·毕沙罗写给保罗·加歇的信（收录于保罗·加歇，《印象主义的信件》，格拉塞出版社，1957，第55~56页）。
17. 安德里斯·邦格写给亨德里克·邦格和赫尔米纳·邦格的信，1886年12月31日（凡·高博物馆档案室收藏，b1867）。
18. 提奥写给维尔的信，1887年3月14日（凡·高博物馆档案室收藏，b908）。提奥后来写过他和凡·高住在一起的那一年，但实际上他们住在一起差不多有两年，这可能是笔误，但也可能意味着他们中的一个搬出去住过一段时间（提奥写给乔的信，1889年2月14日，詹森和罗伯特出版社，1999，第160页）。
19. 书信569（1886年9~10月）。
20. 书信695（1888年10月3日）。

21. 提奥写给乔的信，1889年2月14日，詹森和罗伯特出版社，1999，第160页。

第十一章：黄房子（第138～167页）

1. 书信714（1888年10月27～28日）。
2. 书信577（1888年2月21日）。
3. 提奥写给维尔的信，1888年2月24日（凡·高博物馆档案室收藏，b1145）。
4. 关于凡·高在阿尔勒时期更多的生活细节，见贝利：《我心如葵：凡·高的画语人生》，2016。
5. 书信686（1888年9月23～24日）。
6. 书信626（1888年6月16～20日）。
7. 书信601（约1888年5月14日）。
8. 书信678（1888年9月9～14日）。
9. 书信682（1888年9月18日）。
10. 书信602（1888年5月1日）。
11. 书信674（1888年9月4日）。
12. 书信676（1888年9月8日）。
13. 书信684（1888年9月19～25日）和书信677（1888年9月9日）。
14. 书信705（1888年10月16日）。
15. 书信604（1888年5月4日）。
16. 书信682（1888年9月18日）。
17. 书信683（1888年9月18日）。
18. 书信626（1888年6月16～20日）。
19. 书信625（1888年6月15～16日）。
20. F476。
21. 保罗·高更：《前后》，克雷斯出版社，1923，第15页。
22. 保罗·高更：《前后》，克雷斯出版社，1923，第17页。
23. 书信736（1889年1月17日）。

24. 书信724（约1888年12月11日）。
25. 更多细节，见《我心如葵：凡·高的画语人生》，第153～159页。
26. 她被确认真名为加布里艾尔（墨菲：《凡·高的耳朵》，2016，第217～218页），她的别名则是我本人公布的（贝利，《艺术新闻报》，2016年7月20日发布于网络端，2016年9月发布于报刊）。另可见贝利，《阿波罗》中的章节“阿尔勒之谜”，2016，第84～88页。
27. 《共和论坛》的报道文章（1888年12月30日）于1955年再版（亨利·波利丘：《凡·高传》，阿歇特出版社，1955，第284页）。我在《阿波罗》“阿尔勒闹剧”（2005年9月，第34～36页）中转载了《南方小报》当时刊登的文章（来源不明）；《新闻小报》的报道（1888年12月26日）转载我2013年出版的书籍中的第13页；《南方信使报》的报道（1888年12月25日）重载我2016年出版的书籍中的第157～158页。墨菲转载了《马赛小报》当时刊登的报道（1888年12月25日），转录了《普罗旺斯小报》的文章（1888年12月25日）以及确定了《南方小报》文章的来源［墨菲：《凡·高的耳朵》，2016，第154～155页、第289页，以及《凡·高的耳朵》（法语版），2017，第201页］。图86首次将六篇报道文章全部重载在一起。
28. 墨菲：《凡·高的耳朵》，2016，第94～95页确认了这一点。
29. 书信741（1889年1月22日）。
30. 书信764（1889年4月29日～5月2日）。
31. 书信772（1889年5月9日）。
32. 萨勒斯写给提奥的信，1889年4月19日（凡·高博物馆档案室收藏，b1050）。

第十二章：隐居疗养院（第168～191页）

1. 书信776（约1889年5月23日）。
2. 关于凡·高在圣保罗时期更多的细节，见贝利：《我有一片星空：凡·高在精神病院不为人知的故事》，2018。
3. 巴克，范提波格与普林斯出版社，2018，第156页。

4. 贝利：《我有一片星空》，2018，第12～13页和第115～121页。登记簿藏于圣雷米市立档案馆。在此我要对前任档案管理员雷米·旺蒂尔和他的继任人亚历桑德拉·罗迟·特米尔表示感谢。
5. 书信800（1889年9月5日和6日）。
6. 书信772（1889年5月9日）。
7. 贝利：《我有一片星空》，2018，第14页和第119～120页。
8. 书信776（约1889年5月23日）。
9. 书信777（1889年5月31日～6月6日）。
10. 书信779（1889年6月9日）。
11. 书信800（1889年9月5日和6日）。
12. 书信803（1889年9月19日）。
13. F640。
14. 书信776（约1889年5月23日）。
15. 佩龙写给提奥的信，1889年6月9日（凡·高博物馆档案室收藏，b1060）。
16. 书信805（约1889年9月20日）。
17. 书信783（1889年6月25日）。
18. 书信800（1889年9月5日和6日）。
19. 书信800（1889年9月5日和6日）。
20. 书信833（1889年12月31日～1890年1月1日）。
21. 巴克，范提波格与普林斯出版社，2016，第159页。
22. 巴克，范提波格与普林斯出版社，2016，第121～128页。
23. 书信872（1890年5月13日）。

第十三章：安息之地（第192～205页）

1. 书信873（1890年5月20日）。
2. 《凡·高全集》中乔·邦格的回忆部分，泰晤士和哈德逊出版社，1958，第一卷第50页。
3. 赫西格写给亚伯拉罕·布雷迪乌斯的信，约1933（《荷兰艺术史季刊》，1934，第一刊，第44页）。

4. 《凡·高的日记》“艾德琳·拉乌的纪念品”，第一刊，约1956，第11页。
5. 书信879（1890年6月7日）。
6. 书信899（1890年7月10～14日）。
7. 书信891（1890年6月24日）。
8. 《凡·高全集》中乔·邦格的回忆部分，泰晤士和哈德逊出版社，1958，第一卷第51页。
9. 凡·高最后的作品是《树根》（F816）和《奥维尔周边的田地》（F793）（贝尔特·梅斯和路易斯·范提波格《凡·高：新的发现》其中的章节“凡·高的《树根》离我们很近”，凡·高博物馆，2012，第5～71页）。
10. 奈菲和史密斯在2011年出版的书籍（第869～885页）中宣称凡·高并非死于自杀而是谋杀。然而有足够的证据表明凡·高确实死于自杀，凡·高的家人朋友也对此坚信不疑。
11. 提奥写给乔的信，1890年7月28日（詹森和罗伯特出版社，1999，第269页）。
12. 提奥写给乔的信，1890年8月1日（詹森和罗伯特出版社，1999，第279页）。
13. 伯纳德写给阿尔伯特·奥里耶的信，1890年7月31日（凡·高博物馆档案室收藏，b3052）。

致谢

我非常感谢白狮出版社的编辑妮琪·戴维斯，是她邀请我撰写这本书。艾玛·哈弗森是一位非常能干的项目编辑，她负责本书的印制工作。梅洛迪·奥杜塞亚则负责了本书的宣传工作。

凡是编写与凡·高生平有关书籍的作者都会深深感激给凡·高书信加注的三位编辑，他们是利奥·詹森、汉斯·路易滕和尼恩可·巴克，在此我要向他们表示诚挚的谢意。

同样地，我要感谢凡·高博物馆的专家们，他们为馆藏的作品编写了六份目录（已在参考书目的最后列出）。我要特别感谢过去和现今遇到的博物馆同人们，他们是弗勒·鲁斯·罗莎·德·卡瓦略、梅特·范·戴克、齐比·道格维洛、莫妮可·哈格曼、艾拉·亨德里克斯、文卡特克里什纳·文卡坦、阿妮塔·霍曼、泰奥·梅登多普、菲克·帕布斯特、阿克塞尔·吕克尔、克里斯·斯托尔维克、阿里·苏泽安、路易斯·范提波格、露辛达·蒂默曼斯、马里耶·韦莱科普和安妮塔·弗兰德。库勒-穆勒博物馆的藏品目录同样给予了我很大的帮助。我还要感谢格洛里亚·格鲁姆，他于2016年在芝加哥艺术学院举办了“凡·高的卧室”展览，我编写的本书中也参考了该展览的目录。

此外，还有两位老朋友也给予了我巨大的帮助。普罗旺斯的奥内利亚·卡多蒂尼协助我研究了当地的档案馆藏并帮我处理了棘手的法语难题。阿姆斯特丹的亚普·沃尔登普则帮助我解决了荷兰当地的档案研究和语言问题，其中包括西恩·霍尔尼克离世的相关报道。在此，我也要向伦敦图书馆的工作人员表示感谢。

最后，我要向我的妻子艾莉森表示深深的感谢，她编辑、校对了我的文稿。这么多年来，她一直陪着我追寻凡·高的足迹。我们一起走过了这位画家生活和工作过的地方，从津德尔特到奥维尔。

原版书参考书目

Martin Bailey, Young Vincent: *The Story of Van Gogh's Years in England*, Allison & Busby, London, 1990

Martin Bailey, *Van Gogh in England: Portrait of the Artist as a Young Man*, Barbican Art Gallery, London, 1992

Martin Bailey, *The Sunflowers are Mine: The Story of Van Gogh's Masterpiece*, Frances Lincoln, London, 2013

Martin Bailey, Studio of the South: *Van Gogh in Provence*, Frances Lincoln, London, 2016

Martin Bailey, *Starry Night: Van Gogh at the Asylum*, White Lion, London, 2018

Nienke Bakker, Louis van Tilborgh and Laura Prins, *On the Verge of Insanity: Van Gogh and his Illness*, Van Gogh Museum, Amsterdam, 2016

Carel Blotkamp and others, *Vincent van Gogh: Between Earth and Heaven*, the Landscapes, Kunstmuseum Basel, 2009

Jo Bonger, 'Introduction', *The Complete Letters of Vincent van Gogh*, London, 1958, vol. i, pp. IX-LIII

Ton de Brouwer, *Van Gogh en Nuenen*, Van Spijk, Venlo, rev. ed., 1998

Nienke Denekamp and René van Blerk with Teio Meedendorp, *Vincent van Gogh Atlas*, Amsterdam, 2015

Wout Dijk and Meent van der Sluis, *De Drentse tijd van Vincent van Gogh*, Boon, Groningen, 2001

Douglas Druick and Peter Kort Zegers, *Van Gogh and Gauguin: The Studio of the South*, Art Institute of Chicago, 2001

Ann Dumas and others, *The Real Van Gogh: The Artist and his Letters*, Royal Academy of Arts, London, 2010

Jacob-Baart de la Faille, *The Works of Vincent van Gogh: His Paintings and Drawings*, Meulenhoff, Amsterdam, 1970

Walter Feilchenfeldt, Vincent van Gogh: *The Years in France, Complete Paintings 1886–1890*, Wilson, London, 2013

Martin Gayford, The Yellow House: *Van Gogh, Gauguin and nine turbulent weeks in Arles*, Fig Tree, London, 2006

Gloria Groom (ed.), *Van Gogh's Bedrooms*, Art Institute of Chicago, 2016

Wulf Herzogenrath and Dorothee Hansen, *Van Gogh: Fields*, Kunsthalle Bremen, 2002

Sjraar van Heugten, *Van Gogh and the Seasons*, National Gallery of Victoria, Melbourne, 2017

Cornelia Homburg, *Vincent van Gogh and the Painters of the Petit Boulevard*, Saint Louis Art Museum, 2001

Jan Hulsker, *The New Complete Van Gogh: Paintings, Drawings, Sketches*, Meulenhoff, Amsterdam, rev. ed., 1996

Colta Ives, Susan Alyson Stein, Sjraar van Heugten and Marije Vellekoop, *Vincent van Gogh: The Drawings*, Metropolitan Museum of Art, New York, 2005

Carol Jacobi (ed.), *Van Gogh and Britain*, Tate, London, 2019

Leo Jansen and Jan Robert (eds.), *Brief Happiness: The correspondence of Theo van Gogh and Jo Bonger*, Van Gogh Museum, Amsterdam, 1999

Leo Jansen, Hans Luijten, Nienke Bakker, *Vincent van Gogh – The Letters: The Complete Illustrated and Annotated Edition*, Thames & Hudson, London, 2009 (www.vangoghletters.org)

Kees Kaldenbach and Michel Didier, *Pilgrimage through Life: Travelling in the footsteps of Vincent van Gogh*, Cultuurtoerisme, Amsterdam, 1990

Alain Mothe, *Vincent van Gogh à Auvers*, Valhermeil, Colombelles, rev. ed., 2003
Bernadette Murphy, *Van Gogh's Ear: The True Story*, Chatto & Windus, London, 2016 (L'Oreille de Van Gogh, Actes Sud, Arles, 2017)
Steven Naifeh and Gregory White Smith, *Van Gogh: The Life*, Profile, London, 2011
Rebecca Nelemans and Ron Dirven, *The Sower, Gateway to a Career: Vincent van Gogh in Etten*, Van Kemenade, Breda, 2010
Ronald Pickvance, *Van Gogh in Arles*, Metropolitan Museum of Art, New York, 1984
Ronald Pickvance, *Van Gogh in Saint-Rémy and Auvers*, Metropolitan Museum of Art, New York, 1986
Ronald Pickvance, *Van Gogh*, Fondation Pierre Gianadda, Martigny, 2000
John Rewald, *Post-Impressionism: From Van Gogh to Gauguin*, Museum of Modern Art, New York, rev. ed., 1978
Timothy Standring and Louis van Tilborgh, *Becoming Van Gogh*, Denver Art Museum, 2012
Susan Alyson Stein, *Van Gogh: A Retrospective*, Park Lane, New York, 1986
Chris Stolwijk and Richard Thomson, *Theo van Gogh: Art dealer, collector and brother of Vincent*, Van Gogh Museum, Amsterdam, 1999
Mark Tralbaut, *Van Gogh: A Pictorial Biography*, Thames & Hudson, London, 1959
Marc Tralbaut, *Vincent van Gogh*, Viking, New York, 1969
Van Gogh à Paris, Musée d'Orsay, Paris, 1988
Michiel van der Mast and Charles Dumas, *Van Gogh en Den Haag*, Haags Historisch Museum, The Hague, 1990
Wouter van der Veen and Peter Knapp, *Van Gogh in Auvers: His last days*, Monacelli, New York, 2010

Sjraar van Heugten, *Van Gogh in the Borinage: The Birth of an Artist*, Musée des Beaux-Arts de Mons, 2015
Peter van Overbruggen and Jos Thielemans, *Van Domineeshuis tot Van Goghhuis 1764–2014*, Protestantse Gemeente, Nuenen, 2014
Evert van Uitert, *Van Gogh in Brabant: Paintings and Drawings from Etten and Nuenen*, Noordbrabants Museum, Den Bosch, 1987
Marije Vellekoop, Muriel Geldof, Ella Hendriks, Leo Jansen and Alberto de Tagle, *Van Gogh's Studio Practice*, Van Gogh Museum, Amsterdam, 2013
Bogomila Welsh-Ovcharov, *Vincent van Gogh: His Paris Period 1886–1888*, Amsterdam, 1976
Ken Wilkie, *The Van Gogh File: The Myth and the Man*, Souvenir, London, 2004
Carol Zemel, "Sorrowing Women, Rescuing Men", *Art History*, September 1987, pp. 351-368

Kröller-Müller Museum collection catalogues:
Jos ten Berge, Teio Meedendorp, Aukje Vergeest and Robert Verhoogt, *The Paintings of Vincent van Gogh in the Collection of the Kröller-Müller Museum*, Otterlo, 2003
Teio Meedendorp, *Drawings and Prints by Vincent van Gogh in the Collection of the Kröller-Müller Museum*, Otterlo, 2007

Van Gogh Museum collection catalogues:
Sjraar van Heugten, *Vincent van Gogh Drawings: The Early Years 1880–1883*, Amsterdam, 1996
Sjraar van Heugten, *Vincent van Gogh Drawings: Nuenen 1883–1885*, Amsterdam, 1997
Louis van Tilborgh and Marije Vellekoop, *Vincent van Gogh Paintings: Dutch Period 1881–1885*, Amsterdam, 1999
Marije Vellekoop and Sjraar van Heugten, *Vincent van Gogh Drawings: Antwerp & Paris 1885–1888*, Amsterdam, 2001
Marije Vellekoop and Roelie Zwikker, *Vincent van Gogh Drawings: Arles, Saint-Rémy & Auvers-sur-Oise 1888–1890*, Amsterdam, parts i and ii, 2007
Ella Hendriks and Louis van Tilborgh, *Vincent van Gogh Paintings: Antwerp & Paris 1885–1888*, Amsterdam, 2011

原版书图片版权说明

The Publishers would like to thank those listed below for permission to reproduce the artworks illustrated in this book and for supplying photographs. Every care has been taken to trace copyright holders. Any copyright holders we have been unable to reach are invited to contact the publishers so a full acknowledgement may be given in subsequent editions.

akg-images: 71, 76 (detail), 80, 83, 85, 86, 90, 92, 94 (detail), 98, 102 (detail), 113, 114, 118, 119, 145, 152, 153, 154

Alamy Stock Photo: 48 (frans lemmens), 68 (Jeroen Hillenga), 74 (frans lemmens), 148 (imageBROKER),

168 (Albert Knapp)

Bridgeman Images: 2 (detail), 6 (detail), 8 (detail), 25, 38, 89, 110, 117, 122 (detail), 128, 130, 131, 134, 135 (top), 137, 140, 141, 144, 146 (detail), 157, 158, 160, 161, 163, 166 (detail), 172 (top), 174, 176 (top)

Carnegie Museum of Art, Pittsburgh: 173

Collectie Stadsarchief Rotterdam: 64

Collection Kröller-Müller Museum, Otterlo: 42 (right),

47 (bottom), 52 (detail), 55, 58, 132

Gemeentemuseum Den Haag, on long-term loan from Cultural Heritage Agency of the Netherlands (collection Will van Eck-Nieuwenhuizen Segaar): 54

Getty Images: 16 (Tim Dirne/EyeEm), 96 (Raimund Koch), 104 (fhm), 177 (MIGUEL MEDINA/Staff)

Groninger Museum, photographer Marten de Leeuw:

67 (detail), 72

iStock: 125 (wjarek)

La Médiathèque d'Arles: 126

Martin Bailey: 84, 101, 151, 155

Nasporingen, Omtrent Vincent Van Gogh in Brabant,

Mr Benno J. Stokvis: 81 (right), 88

Russell-Cotes Art Gallery & Museum, Bournemouth: 33

Shutterstock: 178 (dikobraziy)

Solomon R. Guggenheim Museum, New York: 135 (bottom)

The Armand Hammer Collection: 42 (left)

The New Art Gallery Walsall: 57

Van Gogh Museum, Amsterdam (Vincent Van Gogh Foundation): 4 (detail), 14, 18, 20, 23, 27, 28, 30 (detail), 32, 34, 36, 39, 43, 44 (detail), 46, 47 (top), 60, 62, 73, 74, 81 (left), 91, 99 (right), 106, 107, 112, 129, 150, 170, 175, 176 (bottom)

Notes to the Reader

Endnotes give the sources of quotations, along with some additional information. Frequently cited sources in the notes have abbreviated references, with the full references in the Select Bibliography. Van Gogh's letters are numbered from the definitive 2009 edition, Vincent van Gogh – The Letters: The Complete Illustrated and Annotated Edition, edited by Leo Jansen, Hans Luijten and Nienke Bakker (www.vangoghletters.org). Van Gogh's paintings are identified by the 'F' numbers from the 1970 catalogue raisonné by Jacob-Baart de la Faille, The Works of Vincent van Gogh: His Paintings and Drawings. Unless otherwise specified, illustrated works are by Van Gogh. In captions, height is given before width, in centimetres. Artworks and the archive at the Van Gogh Museum in Amsterdam are mainly owned by the Vincent van Gogh Foundation, set up by the family. For the addresses of Van Gogh's various lodgings, see the Chronology. For detailed information on visiting the places where Van Gogh lived, go to the excellent website: vangoghroute.com

原版书索引

何以为家：凡·高的寻家之旅
HE YI WEI JIA : FANGAO DE XUN JIA ZHI LÜ

出版统筹：冯　波
特约策划：陈　铖
责任编辑：谢　赫
助理编辑：郭　倩
营销编辑：李迪斐
责任技编：伍先林
装帧设计：树实文化

Living with Vincent van Gogh
First published in 2019 by White Lion Publishing, an imprint of The Quarto Group.

图书在版编目（CIP）数据

何以为家 ：凡·高的寻家之旅 /（英）马丁·贝利著 ；余鑫译. --桂林 ：广西师范大学出版社，2021.5（2021.11 重印）
（焦点艺术丛书）
书名原文：Living with Vincent van Gogh
ISBN 978-7-5598-3710-3

Ⅰ. ①何… Ⅱ. ①马… ②余… Ⅲ. ①凡高（VanGogh, Vincent 1853-1890）一生平事迹 Ⅳ. ①K835.635.72

中国版本图书馆 CIP 数据核字（2021）第 065206 号

广西师范大学出版社出版发行
（广西桂林市五里店路 9 号　邮政编码：541004
网址：http://www.bbtpress.com）
出版人：黄轩庄
全国新华书店经销
广东省博罗县园洲勤达印务有限公司印刷
（广东省惠州市博罗县园州镇下南管理区勤达印务有限公司　邮政编码：516123）
开本：889 mm × 1 260 mm　1/32
印张：7.5　　字数：200 千
2021 年 5 月第 1 版　　2021 年 11 月第 2 次印刷
定价：88.00 元